CATALOGUE
DES LIVRES

COMPOSANT LA BIBLIOTHÈQUE

DE FEU M. KLAPROTH.

Deuxième Partie.

LIVRES CHINOIS, TARTARES ET JAPONAIS.

LIVRES CLASSIQUES.

I. *Livres canoniques* (Kings).

1. Lou king thou; Figures des six livres canoniques. 1 vol. gr. in-fol., dem.-rel., m. v., fig.

C'est à l'illustre Tchou hi que l'on est redevable de cette collection de figures des objets dont il est parlé dans les *Kings*. Elles sont de diverses sortes; les unes représentent des instrumens de musique et d'astronomie; les autres, des habits, des armes, des ustensiles de toute espèce et jusqu'à des édifices. Enfin, l'on y trouve des notions géographiques sur la situation des pays dont il est parlé dans les anciens livres, ainsi que la généalogie des premiers empereurs et des princes tributaires. Les explications qui les accompagnent sont, en général, fort courtes, mais toujours suffisantes pour l'intelligence de la chose, et du texte où il en est fait mention. Aussi cet ouvrage est-il indispensable pour la lecture des livres canoniques; c'est comme une sorte d'atlas que Tchou hi aurait eu l'intention de joindre au grand corps de commentaires qu'il a composé sur les textes sacrés. Il l'acheva la 1re année Khian tao (1165); on en a fait plusieurs éditions; celle-ci est de la 43e année Wan ly (1615).

2. Tcheou Y thsiouan chou; édition complète de l'*Y king* de la dynastie des Tcheou. 10 cahiers in-4.

L'Y *king* est, pour les Chinois, le livre sacré par excellence; ils le considèrent comme le principe de toute sagesse, le fondement de toute science, la base de toute doctrine. Son antiquité, que l'on fait remonter à 3000 ans avant notre ère, la forme de son contexte, et plus qu'aucune autre raison peut-être, la difficulté de l'interpréter, sont les titres qui ont motivé la sainte vénération dont il est l'objet. Six lignes parallèles et horizontales, dont trois sont entières et trois sont brisées, imaginées par Fou hi et combinées de 64 manières par Chin noung, sont le fond primitif de l'*Y king* et comme autant d'énigmes proposées à la sagacité des philosophes et des érudits. Wen wang, s'il n'est pas le plus ancien, est, au moins le plus célèbre de ceux qui ont essayé de les déchiffrer, et son interprétation, qui date du XIIe siècle avant notre ère, est, en quelque sorte, devenue le texte même de l'ouvrage. Tcheou koung compléta les explications de Wen wang, son père; puis, enfin, Confucius éclaircit, développa et commenta les idées de Wen wang et de Tcheou koung. La réunion des travaux de ces trois philosophes compose l'*Y king* actuel, au sujet duquel on peut voir la notice étendue qu'en a donnée le P. Visdelou, et qui est insérée à la fin de la traduction du *Chou king* du P. Gaubil. Une traduction latine de ce livre, faite par le P. Régis et qui était demeurée inédite, se publie par les soins de M. Mohl.

La présente édition se compose de l'ancienne introduction de l'*Y king*, intitulée : *Lun-li* : de l'ancien texte, tel qu'il a été retrouvé sous les Han, et du texe nouveau, en caractères modernes, accompagné d'un commentaire *variorum* très étendu. On la doit à Yang chi kiao qui la fit imprimer la 24e année Wan ly (1596).

3. Koueï py Y king; l'*Y king* expliqué par Koueï py. Pet. in-4, dem.-rel., m. v.

Ancienne édition, sans date. L'auteur de cette interprétation vivait sous les Soung, au commencement du XIIe siècle de notre ère. Son travail sur l'*Y king* est un des plus estimés.

4. Tcheou gouroun i Tchitchoungge nomoun; l'*Y king* de la dynastie des Tcheou, traduit en mandchou. In-4, dem.-rel., m. v. (Avec le texte chinois en regard.)

Ce volume ne contient que les livres 2, 3 et 4.

5. Chou king kiang y hoeï pien tsun tchou ta thsiouan; le *Chou king* avec les notes de divers auteurs conformes au grand commentaire de Tchou hi. In-4, dem.-rel., m. v.

On sait que le *Chou king* renferme les plus anciens monumens de l'histoire chinoise, recueillis et expliqués par Confucius. C'est le second, et on peut le dire, le plus important de ces livres que l'on a désignés, en Europe, par l'épithète de *canoniques*, parce qu'ils sont, à la Chine, considérés comme la base de la religion et de la politique du gouvernement, plus encore que comme celle de tout enseignement. Les moindres paroles de ces ouvrages sacrés, objets d'études assidues et de méditations constantes, ont fourni matière à une foule d'interprétations littérales, dogmatiques et historiques, qui se sont étendues et multipliées encore par suite de la diversité des opinions qu'une exégèse si long-temps continuée ne pouvait manquer de produire. Parmi tous ceux qui ont consacré leurs veilles à des travaux de ce genre, il n'y en a pas de plus célèbre que Tchou hi que ses compatriotes ont surnommé le Prince des lettres, et qui vivait dans la seconde moitié du XIIe siècle. Ses commentaires, modèles de clarté, d'élégance et de précision, ont mérité d'être adopté dans les écoles, et l'autorité du commentateur est de-

3	15	"	Boulay-Paty
4	4	"	Duprat
5	21	"	[illegible]

6	102	go	Brockham
7	20	"	Baillard
8	100	"	Crozet
9	20	"	Baillard

venue presque égale à celle des textes commentés. Le *Chou king* a été traduit en français par le P. Gaubil.

6. **Khan i arakha oupaliyamboukha dasan i nomoun**; en chinois, *In tchi fan i Chou king*. Le *Chou king* en chinois et en mandchou, traduit par l'empereur (Khian loung). In-4, dem.-rel., m. v.

Belle édition imprimée la 25e année de Khian loung (1760).

7. **Toung pan Chi king kian pen**; le Livre des vers, édition revue, imprimée sur planches de cuivre. 2 vol. in-8, dem.-rel., m. v.

Des chants populaires où se peignent la simplicité primitive des mœurs chinoises; des cantiques pieux destinés à inspirer l'amour du bien et l'horreur du mal; des hymnes nationaux sur le respect dû à l'autorité légitime, sur la décence et la gravité à apporter dans l'accomplissement des cérémonies et du moindre de ses devoirs; des odes à la louange de personnages éminens par leurs vertus ou leurs talens; telles sont les quatre divisions de ce livre célèbre, le troisième d'entre les *Kings*. Confucius recueillit et mit en ordre les différentes pièces dont il se compose. De 3,000 qu'il avait rassemblées, il n'en donna que 311. Elles sont remplies d'allusions à des coutumes abrogées, à des faits oubliés ou peu connus, qui en rendraient quelques-unes inintelligibles sans l'excellent commentaire de Tchou hi, où tout est expliqué et éclairci. Le P. de Lacharme a composé une traduction latine du *Chi king* que M. Mohl a publiée. La présente édition, qui contient le résumé des gloses, est de l'année y mao de Khian loung (1795).

8. **Khan i arakha oupaliyamboukha Irgeboun i nomoun**; le Livre des vers en mandchou et en chinois, traduit par l'empereur (Khian loung). In-4, dem.-rel , m. v.

Avec la préface de Tchou-hi, datée de l'année ting yeou, 4e du règne de Chun hi (1177).

9. **Tou lin Tchun thsieou Tso tchouan ho tchou**; le Printemps et l'automne, avec les traditions de Tso et la réunion des commentaires par Tou lin. Édition de 1631, en 30 livres, publiée par Tchoung hou. 2 vol. in-4, dem.-rel., m. v.

Le *Tchun thsieou* est le quatrième des livres canoniques, et occupe le second rang parmi les ouvrages historiques des Chinois, qui le placent immédiatement après le *Chou king* dont il est comme la continuation. Confucius, à qui on le doit, y rapporte les événemens de la principauté de Lou, sa patrie, en les liant à ceux des vingt autres états qui composaient alors l'empire. Mais la brièveté de cette chronique pouvant nuire à la parfaite intelligence des faits qui y sont relatés, Tso kieou ming, qui avait été le collaborateur de Confucius, entreprit de les éclaircir en leur donnant les développemens nécessaires. Le *Tchun thsieou* commence à la 49e année de Ping wang (722 ans avant J.-C.) et va jusqu'en 481, deux ans environ avant la mort de son auteur. Les *traditions* de Tso embrassent le même espace de temps et prolongent l'histoire jusqu'à la fin du règne de 'Aï koung, prince de Lou, vers 467. Tou yu lin, astronome qui vivait sous les Tsin, rédigea ces annales suivant un nouvel ordre, et se servit, pour la première fois, des caractères du cycle de 60, pour l'indication des années.

10. THSIOUAN PEN LI KI TSI TCHOU; le Mémorial des rites, édition complète avec les commentaires réunis. 10 parties en 2 vol., in-4, dem.-rel., cuir de Russie.

Quoique le *Li ki* ne soit pas émané de Confucius, et qu'il ne jouisse pas de la même authenticité que les ouvrages attribués à ce philosophe, néanmoins l'importance du sujet auquel il est consacré l'a fait admettre au nombre des livres canoniques. Les détails qu'il renferme sur tout ce qui regarde les cérémonies publiques et les moindres usages de la vie privée, le rendent très précieux pour la connaissance des mœurs chinoises jusque dans les temps les plus reculés. On ne peut guère en faire remonter la rédaction plus haut que la dynastie des Han, un peu avant notre ère; mais il n'est pas douteux qu'elle n'ait été faite sur des documens de la plus haute antiquité. Taï te est le principal auteur du *Li ki*. Il l'avait divisé en 180 livres, que l'on a depuis réduits à 49. Le commentaire dont cette édition est accompagnée est celui de Tchin hao, écrivain de la fin du XIIe siècle et disciple de Tchou hi. Fan tseu teng y a joint le résumé des gloses les plus estimées. Le tout fut publié la 31e année de Khian loung (1766). L'ouvrage est imprimé à deux colonnes horizontales. La colonne inférieure contient le texte et le commentaire de Tchin hao; la colonne supérieure est remplie par le résumé des gloses.

II. *Livres moraux* (SSE CHOU).

11. TOUNG PAN SSE CHOU TSUN TCHOU HO KIANG; les Quatre livres, avec la paraphrase impériale conforme au commentaire (de Tchou hi), gravés sur planches de cuivre. 2 vol., in-4, dem.-rel., mar. r.

Grande édition, publiée l'année koueï yeou de Kia king (1813). On sait que les quatre livres occupent le second rang parmi les ouvrages classiques des Chinois, et qu'ils sont dus à quatre des principaux disciples de Confucius. C'est en quelque sorte la somme de la doctrine morale de ce philosophe, rédigée sous l'inspiration de ses entretiens et de ses leçons, et presque sous sa dictée. Le 1er est le *Thaï hio* (n° 14); le 2me, le *Tchoung young* (n° 15); le 3me, le *Lun yu* (n° 16); le dernier, plus considérable à lui seul que les trois autres, porte le nom de son auteur, *Meng tseu* (Mencius), que les Chinois regardent comme le premier des philosophes après Confucius, et qui mourut vers l'an 314 avant J.-C. Il existe des centaines d'éditions de ces quatres livres et le nombre de leurs commentateurs n'est pas moins considérable.

12. TCHOUNG JOU TANG SSE CHOU TCHING WEN; les Quatre livres, texte correct (sans commentaire). In-8, v. rac., dent. à fr.

Belle édition en gros caractères, donnée l'année ping tseu (1816).

10 39 50 Doudey Dupré

11 40 " Baillecourt

12 réclamé

13 Cora a Moore

14 reclame

15 12 a Moore

16 20 a Moore

13. SSE CHOU TSI TCHOU; Collection des quatre livres, avec commentaires. (En mandchou et en chinois.) 2 vol., in-4, dem.-rel., m. r.

Grande et belle édition, publiée à Péking, la 5me année Khian loung (1740). Cette traduction passe pour la meilleure qui ait été faite en mandchou, et les commentaires sont ceux de Tchou hi.

14. THAÏ HIO; la Grande étude. In-fol., broché à la chinoise.

C'est le premier des quatre livres et une sorte de traité de politique et de morale, divisé en onze chapitres, où l'on développe les principes de Confucius relativement aux devoirs qui régissent l'homme, la famille et l'état. Il a pour auteur Tseng tseu, l'un des principaux disciples de Confucius. Cette édition, exécutée à Pétersbourg en 1823, par les soins de M. de Schilling, offre des modèles calligraphiques de la plus grande beauté.

15. TCHOUNG YOUNG; l'Invariable milieu. In-fol., broché à la chinoise.

Grande et magnifique édition, donnée à Pétersbourg, en 1823, par M. le baron Schilling. Le *Tchoung young* est le second des quatre livres. Tseu sse, petit-fils de Confucius, en est l'auteur; il vivait 500 ans environ avant J.-C. M. Rémusat a donné une notice détaillée sur cet ouvrage, en tête de l'édition et de la traduction qu'il en a publiées en 1817.

† LUN IU, TCHOU HI TSI TCHOU; les Discours (de Confucius) avec le commentaire de Tchou hi. In-4, dem.-rel., mar. vert. *(Recueil A.)*

Superbe édition *princeps* japonaise d'une grande rareté, avec des internotations en *Kata-kana*. Le *Lun iu* contient les discours, apophthègmes et entretiens philosophiques de Confucius, recueillis par ses disciples, soit dans leurs relations journalières avec lui, soit dans les conférences qu'il eut avec les princes à la cour desquels sa renommée le fit appeler.

III. *Livres classiques élémentaires.*

16. HIAO KING, SIAO HIO TSOUAN CHOU. Le livre de l'Obéissance filiale et celui de la Petite étude, avec un commentaire abrégé. In-12, cuir de Russie, fil., dent. à fr. *(Duplanil.)*

L'importance du sujet de ces deux ouvrages, leur antiquité, la correction de leur style, leur ont fait prendre rang, dans la littérature, immédiatement après les *Quatre livres*, et ce sont les premiers que l'on mette entre les mains des enfans. On attribue généralement le *Hiao king* à Confucius, qui aurait légué à son disciple favori, Tseng tseu, le soin de le publier; mais il paraît plus probable de penser que ce dernier seul en est l'auteur, car il n'a fait que résumer, dans la forme même du dialogue, ses entretiens avec son illustre maître, au sujet de la piété filiale. Le *Siao hio* est un recueil de maximes appuyées d'exemples, rédigé par Tchou hi en 1176. Cette jolie édition est suivie d'une notice historique sur le célèbre philosophe de la dynastie des Soung; elle a été publiée la première année de Khian loung (1736).

✝ Etjige tatchiko; Tchoung king; instruction des souverains; livre de la Droiture, en chin. et en mand. (*Recueil* D.)

Recueil de maximes et de préceptes, en 16 paragraphes, où l'on expose les devoirs que les sujets appartenant aux diverses classes de la société ont à remplir envers le souverain, de même que dans le *Hiao king*, auquel on le joint quelquefois, on trace ceux d'un fils envers son père. Ce petit ouvage, qui est immédiatement placé à la suite des livres classiques du second ordre, fut composé, sous les Han, par un docteur nommé Ma young.

17. Collection de livres élémentaires en chinois, publiée l'année keng chin de Kia king (1800). 3 vol. dans un double étui, dem.-rel., m. r., in-8. Très belle édition contenant les ouvrages suivans :

1° *Kiaï youan San tseu king;* livre (en phrases) de trois caractères.

2° *Hoeï youan Thsian tseu wen;* traité de mille mots. (*Voy.* ci-après le n° 22.)

3° *Tchouang youan Yeou hio chy;* leçons en vers pour les commençans.

18. San tseu king. Livre (en phrases) de trois caractères. In-fol., broché à la chinoise.

Publié à Pétersbourg, en 1819, par M. le baron Schilling.

La composition de ce petit ouvrage remonte à la dynastie des Soung; c'est-à-dire qu'il est antérieur à l'année 1281. On l'attribue à un docteur nommé Wang pe heou, qui l'entreprit pour l'éducation de ses enfans. Ce sont des maximes en vers de trois syllabes, contenant les notions les plus simples de morale et d'histoire. M. Morrison en a donné une traduction dans ses *Horæ sinicæ*.

19. San tseu king, un second exemplaire de la même édition. In-4, br. à la chinoise. Petit format.

20. Mandchou nikan khergen i kamtchime soughe San tseu ging bitkhe; le livre (en phrases) de trois caractères, avec commentaire et paraphrase, en chinois et en mandchou. In-8, dem.-rel., m. v.

Edition de la 60me année Khang hi (1796).

21. Thsian tseu wen; traité de mille mots. Cahier in-8.

Les mille caractères dont se compose ce traité, choisis parmi ceux qu'il est le plus utile de connaître, sont disposés de manière à former de huit en huit un sens complet sans qu'aucun soit répété. On raconte que ce travail, dont la difficulté vaincue ne fait pas seule le mérite, fut exécuté en une nuit, et que l'auteur s'y appliqua tellement, ou en ressentit une si grande fatigue, que, le lendemain, ses cheveux et sa barbe étaient blanchis; cet écrivain, nommé Heou hing sse, vivait sous le règne de Wou ti (502-549).

17	25	"	Moore
18	10	"	"
19	8	"	Delloyd
20	155	"	Dupree
21	14	"	Moore

22 21 " Duprot "

23 10 50 Dondus Duppé

24 89 " id

† Sin thsian tchoung ting thsian tseu wen thsian tchou ; commentaire sur le livre des mille mots, nouvelle édition corrigée. (*Recueil* E.)

†† Ji ki kou sse ; Souvenirs journaliers d'anciennes histoires. (*Recueil* H.)

Collection célèbre d'anecdotes morales dont il a été fait un grand nombre d'éditions. Elles sont divisées en 5 chapitres ; le premier, qui contient 24 traits d'héroïsme filial, a été traduit par Morrison, dans son Dictionnaire (tom. 1er, pag. 724). L'ouvrage est orné de 50 figures.

PHILOSOPHIE. — RELIGIONS.

1. *Traités généraux.*

22. Sing li ty tchou tching meng pou hiun kiaï ; Exposition de la philosophie naturelle, corrigée, complétée et expliquée. In-8, dem.-rel., m. v.

Le célèbre commentateur des *Kings*, celui qui a attaché son nom aux plus grands monumens de la philosophie et de l'érudition chinoises, Tchou hi, nourri de la lecture de tous les écrits anciens et profondément versé dans la connaissance des systèmes des différentes écoles ou sectes qui, depuis plus de trente siècles, divisaient les esprits à la Chine, entreprit d'en rapprocher les divers points doctrinaux, de les comparer, de les interpréter, et les résultats de ce prodigieux travail, il les réunit dans cet ouvrage, qui est un tableau complet de la philosophie chinoise et de ses variations. Il l'a divisé en deux parties principales, l'une sur la nature, les passions, les vertus, l'ordre, etc., l'autre sur l'action de la nature, le temps, l'astronomie, le gouvernement, etc., et il termine par l'examen des opinions des philosophes qui l'ont précédé. Hou kouang et Tchang wan hian, ses disciples, complétèrent ses recherches et les mirent en ordre. Ce volume, qui appartient à une édition publiée l'année kia chin de Khang hi (1704), ne contient que les 4 premiers livres.

23. Yu thsouan Tchou tseu thsieou chou ; Recueil complet de différens philosophes, édition impériale. 1 cahier in-8.

Ce volume contient les livres 45 à 48 d'une collection considérable, publiée par les ordres de Khang hi, des écrits des philosophes les plus célèbres, tels que Lao tseu, Tchouang tseu, Hoaï nan tseu, Tchou hi, etc. Nous n'avons ici que les livres 4, 5, 6 et 7 de la *Philosophie naturelle* de ce dernier écrivain.

24. Mandchou nikan khergen kamtchikha Sing-li bitkhe ; Livre de la philosophie naturelle, en chinois et en mandchou. In-8, dem.-rel., m. v.

Publié la 10e année Young tching (1732). Ce volume contient les 4 premiers livres.

† GEREN ENDOURINGE DI GIYOUN I TCHALAN TE TOTABOUKHA PÔPAI TATCHIGHIYEN I NOMOUN BITKHE; Livre des précieux enseignemens laissés à la postérité par les saints empereurs. En mandchou et en chinois. (*Recueil* D.)

25. CHAN HAÏ KING TOU KAO; Explication des figures du livre des Montagnes et des Mers. In-12, fig., dem.-rel., m. v.

Le *Chan haï king* contient la description d'un monde imaginaire qui est, pour les Chinois, ce que l'Olympe était pour les Grecs, une mine inépuisable d'où les poètes tirent leurs métaphores les plus recherchées. Il fut composé à une époque fort reculée, puisque, selon quelques-uns, il remonterait jusqu'à l'empereur Yu, c'est-à-dire à 2000 ans et plus avant J.-C. Ce qui est certain, c'est que, sous les Tsin, au IVe siècle de notre ère, il avait été déjà commenté plusieurs fois, et que, le siècle suivant, de 32 livres qu'il avait primitivement, il fut réduit à 18. Ce volume est rempli de plus de 100 figures extrêmement bizarres, représentant les prodiges et toutes les choses merveilleuses dont il est parlé dans le *Chan haï king*.

26. SAN KIAO YOUAN LIEOU CHING-TI, FO, SSE, SEOU CHIN KI; Mémoires sur l'origine des divinités des trois religions, celle des saints Empereurs, de Bouddha et des Maîtres (de la doctrine de Lao tseu). In-8, dem.-rel., m. bl., orné de 125 fig.

Tout ce qui concerne la mythologie des trois cultes religieux en honneur à la Chine est renfermé dans ce petit volume, dont on attribue la composition première à Yu pao, qui vivait à la fin du IVe siècle. Mais l'ouvrage original de celui-ci n'existe plus; il a été modifié, refondu, augmenté, défiguré par mille éditeurs qui l'ont interpolé de traditions mensongères et d'explications ridicules. La meilleure de ces rédactions modernes est celle-ci; elle date de la fin du XVIe siècle, et les éditions en sont fort nombreuses. Notre exemplaire est de l'année Ki mao de Kia king (1819).

† CHIN MING WEÏ TCHOU; l'Esprit à qui rien n'est caché est le souverain maître. Pet. in-fol., dem.-rel., m. v. *Manuscrit.* (*Recueil* B.)

A la suite de ce traité sont quatre autres opuscules composés, comme le premier, de passages extraits des principaux livres chinois, et relatifs aux différens systèmes, soit philosophiques, soit religieux, qui ont cours à la Chine. Le dernier contient une exégèse étendue sur la doctrine du *Tao*. Ces manuscrits, tous de la plus belle écriture, sont dus à plusieurs pinceaux, parmi lesquels on distingue celui du P. Prémare; le P. Fouquet y a joint des remarques et quelques explications en latin et en français. Il est probable que ce recueil a été formé par ces deux savans missionnaires, aux yeux de qui le déisme antique de la Chine approchait de la pureté du christianisme, à l'occasion du trop fameux débat relatif aux cérémonies pratiquées par les Chinois en l'honneur du ciel et des ancêtres, et à la valeur des termes consacrés par les livres anciens où il en est fait mention.

× Mr Lajar ne désire que 3 ou 4 vol. chinois ou japonais, remarquables plutôt par leur exécution typographique et leurs gravures que par l'importance de leur contenu. — pas plus anciens

25	100	"	Lucon
26	200	"	d°

27 202 " Dondeydep.

28 100 " Avon

29 40 " id

30 50 " id

31 61 " id

II. *Secte du* TAO.

27. LAO TSEU TSI KIAÏ; Recueil d'explications sur Lao tseu. 2 parties en 1 vol., in-4, dem.-rel., m. v.

Lao tseu, né vers la fin du VIIe siècle avant notre ère, est célèbre comme patriarche et réformateur de cette doctrine religieuse qui attribue la formation de toutes choses à un être intelligent et tout puissant, préexistant à l'univers et nommé *Raison*; doctrine qui semble être aborigène à la Chine, puisque déja, dans ce pays, la philosophie avait su s'élever à cette hauteur avant Confucius. On peut voir pour la vie de Lao tseu, ainsi que sur la nature et l'influence du dogme qu'il a prêché, le mémoire de M. Rémusat qui nous dispense d'entrer dans plus de détails. Cet ouvrage fut rédigé l'année keng yen de Kia thsing (1530) ; notre édition est de l'année koueï yeou de Thsoung tching (1633).

28. TAO TE KING PING CHOU; le livre de la Raison et de la Vertu, revu et commenté. 2 cahiers chinois, in-4.

Exemplaire interfolié contenant un commentaire et une traduction en latin et en français, de la main du P. Fouquet.

C'est dans ce célèbre ouvrage de Lao tseu que sont exposés les points de la doctrine des sectateurs du *Tao* ou de la Raison, dont ce philosophe est le chef et le maître. Il est divisé en 81 chapitres, et ce n'est à bien dire, qu'un recueil de définitions et de maximes détachées, où la précision du langage ajoute à l'obscurité d'une métaphysique abstruse. Divers essais tentés en Europe pour traduire ce livre et éclaircir les opinions qu'il renferme, ont dû jusqu'à présent demeurer sans résultat; peut-être y en a-t-il un tout trouvé dans le travail du P. Fouquet, un des missionnaires qui ont poussé le plus loin leurs recherches sur la philosophie chinoise.

29. TAO TE KING CHY TSEU; Commentaire sur le livre de la Raison et de la Vertu. 2 cahiers in-4.

Composé l'année ting yeou de Wan ly (1597).

30. THAÏ CHANG TAO TE PAO TCHANG Y; Secours pour l'interprétation du livre de la Raison et de la Vertu du Très Sublime (Lao tseu). 2 cahiers in-4.

Manuscrit de la plus belle écriture contenant, avec un commentaire très étendu sur le *Tao Te king*, une vie de Lao tseu et un grand nombre de pièces relatives à la composition du livre qui lui est attribué et à l'éclaircissement de la doctrine philosophique dont cet ouvrage est la base. La préface porte la date de l'année i sse de Khang hi (1665).

31. LAO TSEU Y; Commentaire sur Lao tseu. 3 livres en 1 vol., in-4, dem.-rel., m. v.

Publié l'année meou tseu de Wan ly (1588).

✝ THAÏ CHANG NI ATCHABOUME KAROULARA BITKHE; le livre des Récompenses et des Peines du Très Sublime (Lao tseu), en chinois et en mandchou. (*Recueil* A.)

Cet ouvrage est un recueil de préceptes de morale religieuse à l'usage des sectateurs de Lao tseu, et, en quelque sorte, le livre fondamental de leur foi. Il a été compilé à une époque inconnue, mais fort ancienne, par plusieurs philosophes anonymes, qui ont puisé, dans les annales, les pensées qui leur ont paru les plus propres à faire fleurir la doctrine à laquelle ils étaient attachés. Cette édition fut donnée la 24e année de Khian-loung (1759).

32. ATCHABOUME KAROULARA BITKHE; le livre des Récompenses et des Peines, en mandchou. Grande édition ornée de beaucoup de gravures. In-4, dem.-rel., m. r., fil.

Edition de 1673 que l'on croit être la première qui ait été faite de la version mandchoue. *Le livre des Récompenses et des Peines* a été traduit en français par M. Rémusat, d'après le texte chinois, et par M. Klaproth d'après le mandchou.

✝ TCHOU 'O MOU TSO TCHOUNG CHEN FOUNG HING; qu'il faut pratiquer toutes les vertus et s'abstenir de tous les péchés. In-4, dem.-rel., m. v. (*Recueil* C.)

Cet ouvrage, dont une sentence du *Livre des Récompenses et des Peines* forme le titre, est un recueil des plus célèbres traités de la secte du *Tao*, publié l'année y mao de Young tching (1735), et contenant, entre autres, le *Livre des Récompenses et des Peines*, le *Livre qui éclaire le siècle*, la *Médecine de l'ame;* la parabole du bœuf reprochant à l'homme les mauvais traitemens dont il l'accable (trad. par Morrison, dans ses *Horæ sinicæ*), l'*Examen des mérites et des fautes*, etc., etc.

✝✝ DZI TOUNG DI GIYOUN I BOUTOI SAIIN DE KAROULAME ATCHABOURE BITKHE; livre de la Récompense des bienfaits secrets, par Dzi toung.

YU KOUNG TCHOUN I ENDOURI BE OUTCHARAKHA GI BITKHE; livre de la visite de l'esprit du foyer à Yu koung.

KOUWAN CHENG DI GIYOUN I ILETOLEME ATCHABOUHKA, BITKHEÏ OURGEN BE TARKABOURE BITKHE; Qu'il faut s'abstenir de rechercher l'éclat et les faveurs; discours de Kouwan cheng.

Ces trois opuscules sont en mandchou et en chinois: ils appartiennent à l'école theo-psychologique des docteurs de la Raison, parmi lesquels les deux premiers écrits sont en grand honneur; le troisième, qui est un manuscrit d'une belle main, porte la date de la 6me année du règne de Young tching (1728).

33. TCHOUANG TSEU Y; commentaires sur *Tchouang tseu*. 8 livres en 1 vol. in-4, dem.-rel., m. v.

Tchouang tseu, après avoir été le disciple de Lao tseu, devint le compa-

32 92 " Moon

33 40 " Dupret

34	39 "	Dupnat
35	75 "	id
36	15 "	id

gnon de ses voyages, et un des plus célèbres propagateurs de sa doctrine. Le système de philosophie morale qu'il développe dans ses écrits, fondé sur les mêmes bases que celui de son maître, fut attaqué avec violence par les partisans de l'école de Confucius, qui le représentaient comme étouffant le germe des vertus, et pouvant détruire tout sentiment de vérité et de justice. Leurs déclamations et les persécutions qu'ils ont suscitées n'ont pas empêché les éditions de cet ouvrage de se multiplier et de se répandre; celle-ci est de l'année meou tseu de Wan ly (1588).

34. Nan hoa tchin king ping chou; le véritable livre de la Fleur de l'Orient, revu et commenté. 3 cahiers chinois, in-4.

Tchouang tseu est l'auteur du *Nan hoa*, Fleur de l'Orient, dont le nom est le même que celui d'une montagne située aux environs de la ville de Chao tcheou, dans la province de Kouang toung, et où se trouve un antique et fameux monastère des religieux de la *Raison*. Le *Nan hoa* est mis à côté du *Tao Te king*, à cause de l'excellence de la doctrine qu'il renferme sur la constitution de l'univers, l'action de la cause première et des causes secondes, la nature de l'homme et les principes de ses devoirs. Le style en est moins obscur que celui de Lao tseu, mais aussi il ne présente pas cette précision sententieuse que les Chinois estiment tant dans l'ouvrage de ce dernier.

35. Hoaï nan houng lie kiaï; très sublimes explications sur le philosophe Hoaï nan tseu. In-4, dem.-rel., m. v.

Il n'y a pas long-temps encore que toute la philosophie chinoise se réduisait, pour nous, aux principes émis par Confucius et ses premiers disciples; c'était du moins les seuls que l'ont eût jugé dignes de quelque attention. M. Rémusat a étendu à cet égard le champ de nos études par ses travaux sur Lao tseu et sur le Bouddhisme; mais les noms de plusieurs philosophes, contemporains ou successeurs immédiats de Lao tseu, au premier rang desquels il faut placer Tchouang tseu et Hoaï nan tseu, sont à peine connus, quoique les fragmens que l'on a traduits de leurs ouvrages soient de nature à inspirer une vive curiosité. Lieou 'an, plus connu sous le nom de Hoaï nan, auquel on ajoute la qualification de *tseu* ou de *wang*, suivant qu'on le considère comme philosophe ou comme prince, vivait 100 ans environ avant notre ère. Il était souverain de l'île d'Hoaï nan, dont il prit le nom, et fut un des plus savants et des plus zélés propagateurs des doctrines de Lao tseu. Ainsi que les anciens philosophes de la même école, et qu'on peut nommer hétérodoxes, son système comprend l'homme, la nature et Dieu lui-même; étudiant la constitution de l'univers, scrutant l'action de la cause première pour la lier à celle des causes secondes, son langage est exempt de voiles allégoriques, sans mythes ni légendes, et s'adresse sans détour à l'intelligence et à la raison. Il ne reste de lui que 21 livres, qui sont comme autant de traités spéciaux sur la raison, la vérité, le monde, le temps, l'ame, la vie, la mort, etc., etc.; mais on croit qu'il en avait composé davantage.

36. Wen chy king chy tseu; explications du livre de Wen chy. 2 cahiers in-4.

Wen chy est un philosophe de l'école de Lao tseu que l'on présume être contemporain de Tchouang tseu, et son ouvrage, divisé en 9 livres, a pour but, comme les écrits de celui-ci, l'exposition et l'explication de la doctrine du *Tao* ou de la Raison. La présente édition est de l'année ting yeou de Wan ly (1597).

37. Hoa chou sin ching; nouvelle publication du livre des Transformations. 2 cahiers in-4.

Ouvrage philosophique appartenant à l'école des sectateurs de la Raison, composé l'année kia 'ou de Wan ly (1594), et publié l'année ting yeou du même prince (1597).

† Thian tsun iu tchou pao king; livre précieux du Gond de Jade de l'Honoré du Ciel. (*Recueil* B.)

Manuscrit d'une superbe écriture, exécuté sur une copie faite l'année Tchi chun, koueï yeou du cycle (1333), d'après une édition donnée par un docteur nommé Youan yang. Ce petit ouvrage, dont le fond paraît être plutôt superstitieux que philosophique, plus cabalistique que moral, est accompagné de gloses et de commentaires fort développés, et appartient, selon toute apparence, aux sectateurs de la Raison. Il est accompagné de 15 figures de cachets talismaniques propres à éloigner les calamités, à procurer le bonheur et à conduire à la vertu.

III. *Bouddhisme.*

38. Tsi yao; Recueil des choses les plus essentielles. 2 parties en 1 vol. in-4, dem.-rel., m. r.

Cet ouvrage, qui ne porte pas d'autre indication que ces mots : *Tsi yao*, est le même que celui que M. Rémusat a décrit sous le titre de *Man han si fan tsi yao*, ou de *Vocabulaire pentaglotte*. La notice qu'il en a donnée (*Mélanges asiatiques*, t. 1er, p. 153) nous dispense d'entrer dans aucun détail sur l'importance et l'utilité de ce livre. Qu'il nous suffise de rappeler qu'il fut composé dans le palais et sous les yeux même de l'empereur Khian loung, vers la seconde moitié du règne de ce prince, par les plus habiles d'entre les mandchous et les mongols, avec le concours des lettrés les plus célèbres et de docteurs tibétains envoyés exprès par le Dalaï-Lama. Au reste, ce livre est moins un vocabulaire, dans le sens ordinaire de ce mot, qu'une nomenclature théologique, philosophique et morale, à l'usage des sectateurs de Bouddha, laquelle établit une synonymie du plus haut intérêt pour l'intelligence du Bouddhisme. Cet exemplaire est chargé d'interprétations manuscrites.

39. Bouts siyaou dsou i; Collection de figures bouddhiques en japonais; édition augmentée. 5 vol., pet. in-4, cart. à la japonaise.

Le 1er vol. contient le texte et les autres renferment 164 planches, représentant plus de 800 sujets. C'est un véritable panthéon bouddhique où tous

37	24	„	Dupuy
38	80	„	Dorival Dupré
39	140	„	Crozet

40	70	"	Dondus Dupré
41	47	"	Crozet
42	21	"	Duprat
43	75	"	Dondus Dupré

les saints, tous les personnages fameux par leur piété, illustres par leur savoir, divinisés par cette religion, ont non seulement trouvé place, mais où l'on en a consacré une aussi aux vêtemens religieux, aux objets du culte, aux instrumens propres aux sacrifices. Chaque figure est accompagnée d'une explication en chinois et en japonais et souvent même du nom indien du personnage représenté. Cet ouvrage peut être d'un grand secours pour l'interprétation des doctrines indo-chinoises. Il est bien exécuté et a été publié au Japon la 3me année Ghen rok (1690).

40. FO CHOUE O MI TO KING; livre d'*Amitaba* expliqué par Bouddha. In-8, dem.-rel., m. v., fig.

Amitaba, ou suivant la transcription chinoise, *O mi to fo*, est un des principaux personnages de la mythologie bouddhique, et la lumière de ce *Bouddha divin* « éclaire mille myriades de mondes, sans limites et sans fin ». Cet ouvrage, particulièrement destiné à faire connaître sa puissance et ses attributions, comprend le résumé des différentes doctrines du Bouddhisme, ainsi que l'exposition du système si compliqué de la cosmogonie samanéenne. Les mots *Fo choue*, qui se retrouvent dans le titre d'un grand nombre de livres bouddhiques, indiquent que cet ouvrage est attribué au Bouddha Shâkya-mouni. L'édition est de la 30me année du règne de Khian loung (1765).

41. PAN JO PO LO MI TO SIN KING; livre sacré du cœur parvenu à l'autre rivage par l'intelligence pénétrante, en chinois et en mandchou. Cahier in-4.

Les hommes égarés loin de la connaissance de la divinité et retenus dans le cercle de la vie et de la mort, sont désignés, par les bouddhistes, comme étant sur *cette rive;* ceux qui parviennent à l'état de sainteté par la force d'une intelligence contemplative, sont sur *l'autre rive*. Les moyens d'y arriver forment le sujet de cet ouvrage, l'un des plus importans de la religion samanéenne dont il résume, en quelque sorte, toute la doctrine secrète. On l'attribue à Bouddha lui-même, et son origine est enveloppée de fables. Le célèbre Kieou ma lo chi, qui mourut au commencement du ve siècle, le fit, le premier, connaître à la Chine en le traduisant de l'original indien; depuis lors, c'est celui de tous les ouvrages bouddhiques qui a été le plus souvent traduit, commenté et publié.

42. KIN KANG PAN JO PO LO MI KING; livre sacré de l'arrivée à l'autre rive par l'intelligence pénétrante. In-4. allongé, plié en paravant, fig.

Cet ouvrage est différent du précédent sous un titre à peu près semblable et qui n'offre qu'une transcription incomplète de celui qu'il a en sanscrit (*Pradjna paramita*). Les mots kin kang sont une expression métaphorique exprimant que ce livre est indissoluble comme le diamant. Cette édition est magnifique; elle porte la date de la 2e année Kia king (1798).

43. YOUAN KIO KING; livre des Youan kio. Un vol. in-4, dem.-rel., m. v.

Les Youan kio (en sanscrit *Pratyeka*) sont une classe de saints qui occupent un rang éminent dans la hiérarchie bouddhique. On les considère comme étant, par la contemplation, parvenus à triompher de la nature mortelle. Leur exemption des vicissitudes de la vie et de la mort, la faculté qu'on leur attribue de devenir hommes ou dieux, leur attirent de nombreux adorateurs dont cet ouvrage est comme le rituel. Il appartient à cette première classe des livres sacrés, que les Chinois désignent sous le nom de *king*, les Indiens par celui de *soutra*, et qui contiennent les dogmes les plus célèbres de la théologie samanéenne, les principes qui font la base de la doctrine, et les textes authentiques et invariables. A la fin du VIIe siècle, un samanéen de Samarcande, nommé Fo to to lo, traduisit le *Youan kio king* d'après les originaux indiens. Cette édition est de l'année jin tchin de Wan ly (1592).

44. Si fang koung khiu; Actes publics (de la foi) en Occident. Cahier in-4, fig.

Recueil de traités moraux, de prières et de pratiques pieuses à l'usage des Bouddhistes, mis en ordre par Chin tsing tchin, et publié la 13e année de Khian loung (1748). Il en a été fait un grand nombre d'éditions; celle-ci est de l'année kia tseu de Kia king (1804); elle contient quatorze opuscules différens et est ornée de plusieurs gravures.

45. Thsian cheou yan Ta peï sin tcheou tsan fa; Préceptes pour la contrition et Invocations du cœur très miséricordieux. In-4, allongé plié en paravent, fig.

Ouvrage publié la 9e année Young lo (1412), par ordre de l'empereur, et appartenant à une des classes les plus nombreuses de la littérature sacrée des Bouddhistes, à celle que les Indiens nomment *Dharani*, et qui se compose de prières, d'invocations et de formules mystérieuses, au moyen desquelles on parvient à se maintenir dans le bien, à éviter le mal, et à atténuer la gravité des péchés commis. Cette belle édition, imprimée l'année koueï haï de Kia king, est remarquable par le nombre considérable de figures qu'elle contient, exécutées au trait avec beaucoup de finesse et représentant les principaux personnages divinisés par le Bouddhisme.

46. Thaï Tang sy king Tsiun fou sse to pao Fo ta kan yng peï wen; les Peines et les récompenses gravées sur pierre, dans la tour du très honorable Bouddha de la pagode des Mille bonheurs, dans la capitale occidentale de la dynastie des Tang. In-4, allongé, dem.-rel.. m. v.

Impression en blanc sur fond noir, représentant en quelque sorte en *fac-simile* le monument lui-même. Ces inscriptions lapidaires, qui n'offrent rien de curieux sous le rapport de la paléographie, mais qui sont intéressantes par l'esprit plus philosophique encore que religieux qui les a dictées, remontent aux années Thian pao (742-756). Elles furent exécutées, comme l'indique le titre, dans un des temples bouddhiques de Tchhang 'an, aujourd'hui Si 'an fou, qui était alors la capitale de l'empire. Elles ont été recueillies et publiées l'année ting tchheou de Khian loung (1757).

47. Tsing Tchin sse ky; Mémorial des temples bouddhiques sous la dynastie des *Tsing*. Cahier in-4.

Ouvrage intéressant pour l'histoire du Bouddhisme, sous le règne de la dynastie actuelle; il paraît avoir été composé dans les premières années de l'empereur Khang hi.

44	15	"	Duprat
45	40	"	id
46	38	"	id
47	89	"	Crozet

48	54	"	Moore
49	15	"	Duperat
50	18	50	Merlin (Luc).
51	12	50	Dondeydupré
52	1		
53	12	"	Dondeydupré

IV. *Musulmanisme.—Christianisme.*

48. TCHING KIAO TCHIN THSIOUAN ; véritable explication de la droite loi. In-4, dem.-rel., m. v.

Cet ouvrage contient un traité de la religion mahométane et l'histoire de son établissement et de ses progrès à la Chine. C'est un sujet plein d'intérêt et encore inconnu en Europe, où l'on soupçonne à peine l'existence de livres musulmans en langue chinoise, quoique l'on n'ignore pas que l'Islamisme ait pénétré en Chine à une époque assez rapprochée de celle de l'Hégire. Cet ouvrage fut composé sous les *Ming*. Il parut, pour la première fois, l'année jin ou de Tsoung tching (1642) et fut publié de nouveau l'année ting yeou de Chin tchi (1657). L'exemplaire de M. Klaproth est de cette seconde édition.

49. YE SOU KI LI SSE TOU 'O TCHU KIEOU TCHE SIN Y TCHAO CHOU ; Nouveau Testament de Notre Seigneur Jésus-Christ. Canton, 1813, 2 vol. in-4, v. f., dent.

Grande édition en caractères cursifs et sur papier blanc. Cette traduction est due à M. Morrison.

50. CHIN CHI CHOU I PEN YAN I TCHHOU ; traduction du livre de Poésie sacrée, en chinois. In-12, m. r., riche reliûre.

C'est une version des pseaumes de David, publiée à Canton, en 1818, par M. Morrison.

51. ENDOURINGGE EVANGGELIOUM MATTEÏ OULAKHA SONGKOÏ ; le Saint-Évangile selon St. Matthieu, en mandchou. In-4, br. à la chinoise.

Traduction de M. Lipovtsov, publiée à St.-Pétersbourg, en 1822.

52. CHING KIAO CHIN PIN LUN ; Dissertations orthodoxes sur la vraie religion. Un cahier in-8.

53. THIAN CHIN HOEÏ KHO MOU LO ; Sommaire de l'entretien des anges. Un cahier chinois, in-4.

En 1661, le P. Brancati, jésuite sicilien, publia, sous le titre d'*Entretien des anges*, une exposition des dogmes de la religion chrétienne, dont le présent volume est un extrait adapté au rit grec, et publié à Péking, par l'archimandrite russe Hyacinthe Bitchourin.

54. Jesuitica. In-8, dem.-rel.. m. v. Volume contenant :

1° Ching kiao sing tching; Notice exacte des Saints-maîtres.

C'est une histoire de la mission des jésuites à la Chine, avec une notice sur les religieux de cet ordre qui en ont fait partie et l'indication des ouvrages chinois composés par plusieurs d'entre eux. Elle commence à saint François Xavier et s'arrête à Thomas Pereira, 12e année Khang hi (1673). Les auteurs sont Han lin et Tchang king. Le P. Couplet en a fait une traduction qui est insérée à la suite de l'Astronomie du P. Verbiest, et qui a été aussi publiée séparément. Notre exemplaire, interfolié de papier blanc, contient une traduction latine des titres des ouvragesqui y sont catalogués, et la transcription des noms des missionnaires a qui on les doit. Ces additions précieuses sont de la main de M. Klaproth.

2° Thian tchu ching siang lio choue; Explication abrégée de la sainte image du maître du ciel.

Cet opuscule du P. Jean de Rocha, portugais, est de l'année ki weï, de Wan ly (1719).

3° Wan we tchin youan; Origine véritable des dix mille (de toutes) choses.

Célèbre traité du P. Jules Aleni, surnommé le Confucius du nord, qui vivait en Chine de 1613 à 1649, et qui avait acquis une connaissance si parfaite de la langue chinoise, que cet écrit de philosophie chrétienne est regardé, par les lettrés eux-mêmes, comme un des plus élégans qui aient été composés dans les temps modernes. Il en a été fait un grand nombre d'éditions et il en existe une traduction en mandchou.

55. Toumen tchakai ounenkgi segiyen; Origine véritable des dix mille choses. In-8, dem -rel., m. v.

C'est une traduction en mandchou du traité chinois du P. Aleni, intitulé : *Wan we tchin youan;* elle fut faite sous le règne de Khang hi. *V.* ci-dessus la notice de l'ouvrage original.

JURISPRUDENCE. — POLITIQUE. — ADMINISTRATION.

56. Thaï Thsing liu li tseng ting hoeï tsouan thsiouan pien; Recueil complet des lois pénales de la dynastie des Thsing, revu et augmenté. 40 livres en 5 vol. in-4, dem.-rel., m. v., fil. Grande édition impériale.

Ce code se compose de deux séries bien distinctes. La première comprend les anciennes lois pénales en vigueur sous les précédentes dynasties,

54 40 So [illegible]

55 18 So d°

56 75 " Merlin

57 20 fo Dondey Dupré

58 26 fo moore

59 38 fo Crozet

60 44 fo crozet

révisées, refondues et adaptées aux nouvelles formes du gouvernement, par ordre de Chun tchi, et publiées en 1647; la seconde contient toutes les lois supplémentaires, lesquelles sont revues et modifiées tous les cinq ans par une sorte de conseil-d'état. Chaque article des lois comprises dans la première série est accompagné d'un commentaire de l'empereur Young tching. L'ouvrage entier a été traduit en anglais par sir G. Staunton, en 1810, sur l'édition de 1799. Celle-ci, qui est de la première année Tao kouang (1820), renferme beaucoup de lois nouvellement promulguées ainsi que de nombreuses et importantes additions.

57. Tchouwan emou khatchin i bitkhe; Livre des onze articles, en mandchou. In-4, oblong. (*Manuscrit.*)

Traité de paix entre la Chine et la Russie, conclu au mois d'octobre 1727, par le comte Sawa Wladislawitche Ragousinski, et ratifié en juin 1728. Cette pièce diplomatique, fort curieuse, règle la délimitation des frontières des deux états; M. Klaproth l'a traduite en français dans sa *Chrestomathie mandchoue.*

58. Kao tchhang kouan laï wen; Lettres venues de la cour de Kao tchhang, en ouigour et en chinois. In-fol.

L'état de Kao tchhang, ou des Ouigours, forme le quatrième département des royaumes étrangers tributaires du peuple chinois. Il s'étend depuis Kashgar jusqu'à Kamoul, et est devenu célèbre dans ces derniers temps par les discussions qu'ont soulevées non seulement la nature de la langue qui y est en usage, mais jusqu'à l'existence des peuplades tartares qui le composent. Ce volume renferme quinze placets, ou pièces diplomatiques adressées à la cour de Péking par les princes ou commandans des villes principales de ce royaume. L'exécution, qui en est magnifique, a été faite à St. Pétersbourg par les soins de M. le baron Schilling. Le P. Amiot a traduit en français ces quinze *suppliques*, sur la version chinoise qui y est jointe, et l'on a inséré ce travail dans le XIVe vol. des *Mémoires concernant les Chinois.*

59. Khan i arakha ampasai moutchilen be tarkaboure bitkhe; Exhortation morale adressée aux magistrats par l'empereur (Chun tchi), en mandchou et en chinois. In-8, dem.-rel., m. v.

Depuis les premiers temps de la monarchie, les souverains chinois sont dans l'usage d'adresser, soit à l'armée, soit aux fonctionnaires civils et aux peuples des différentes provinces, des édits sous forme d'instructions, dont le sujet est plus habituellement moral que politique ou administratif. C'est un ouvrage de ce genre que l'on a ici; il a été publié l'anée y weï de Chun tchi (1655).

60. Endouringge Tatchighiyen neileme badaramboukha bitkhe; Ample explication de la Sainte Instruction, en mandchou et en chinois. In-4, dem.-rel., m. v.

La *Sainte Instruction*, sous la forme que lui avait donnée Khang hi de qui elle est émanée, se composait de seize maximes exprimées en sept caractères. L'empereur Young tching, jugeant qu'il pourrait être utile de les développer, rédigea, sous ce titre d'*Ample explication*, une paraphrase où chacune des idées exposées à peine par son auguste prédécesseur, sont développées de manière à présenter des notions curieuses relativement aux obligations du prince et des sujets et aux devoirs qui constituent l'état de la société chinoise. On a fait sur ce double thème un commentaire que M. Milne a traduit en anglais. Notre exemplaire est de l'édition impériale, publiée à Péking en 1724.

† HIANG YO THSIOUAN CHOU; Livre qu'on explique au peuple. (*Recueil* B.)

Ce sont les seize maximes de la *Sainte Instruction*, mises à la portée du peuple au moyen d'un commentaire fort développé, dans lequel la paraphrase de l'empereur Young tching se trouve fondue. Telle est, en effet, la célébrité du petit ouvrage de Khang hi, qu'il sert de texte à des leçons publiques, données deux fois par mois aux fonctionnaires de tous grades, civils et militaires.

61. CHENGDSOU GOSIN KHÔWANGDI I BOOI TATCHIGHIYEN I TEN I GISOUN; Sublimes instructions domestiques de l'empereur Chengdsou (Khang hi). 2 cahiers in-4, dans leur enveloppe chinoise. Edition impériale.

Ces instructions, adressées par Khang hi aux princes ses fils, ont été publiées par son successeur Young tching, la 8e année du règne de ce dernier (1730). C'est un des ouvrages les meilleurs et les plus importans qui aient été composés en mandchou. On en trouve une double traduction, italienne et française, dans le IXe vol. des *Mémoires concernant les Chinois*.

† TERGHI KHESE; Paroles d'en haut. (*Recueil* B.)

Discours de l'empereur Young tching à ses peuples pour les exhorter à la bienséance, publié à Péking en 1725, et imprimé en rouge.

†† TCHA CHOU; Y TCHAO; Dernières volontés de l'empereur Young tching, publiées à Péking, en 1735. (*Recueil* D.)

62. TA HING HOANG TI HOEÏ TCHAO; Dernière volonté du grand empereur auguste (Kia king). Péking, 1820; imp. sur pap. jaune, pet. in-fol. allongé.

Une traduction française de cette pièce a été donnée dans le *Journal asiatique*, tom. 1, pag. 175.

63. TCHANG TCHI KING HO PIAO CHY; Adresse de félicitation à la nouvelle impératrice mère, pour le solstice d'hiver 1820, en chinois et en mandchou, sur papier jaune. 2 part., pet. in-fol. allongé.

64. KOUANG HAÏ KOUAN CHOUÏ TSE; Tarif de la douane maritime de Canton. In-4, dem.-rel., cuir de Russie.

Les noms des marchandises sont accompagnés d'une traduction française manuscrite, ce qui rend ce volume doublement intéressant, comme

61 30 " [illegible]

62

63

64 10 ~~4~~ " [illegible] ~~[illegible]~~

65	2	"	Merlin (L. Veu
66	2	80	Croyer
67	4	"	Dondey dupré
68	16	50	id
69	16	50	id
70	7	"	id.

document de commerce et comme vocabulaire tout spécial, offrant des synonymies qui ne se trouvent dans aucun dictionnaire européen.

65. Thaï Thsing tsin chin thsiouan chou; Etat complet de tous les grands mandarins en exercice. 4 cahiers, in-12.

Le nombre des magistrats dont il est fait mention dans cette sorte d'almanach impérial, s'éléve à près de 9,000, et il ne s'agit que de ceux qui sont nommés par l'empereur. On évalue à 40,000 le nombre des magistrats subalternes ou employés en sous ordre.

66. Thaï Thsing tsin chin thsiouan chou; Le même ouvrage que le précédent, pour l'année 1795. 4 part. en 2 vol., in-8, dem.-rel., m. v.

† Thaï Thsing tsin chin thsiouan chou; Almanach impérial pour l'année koueï siu de Chun tchi (1646). In-4, dem.-rel., m. v. (*Recueil* D.)

67. Daitching gouroun i abkai wekhiyekhe i tekhi tchakoutchi aniya i erin Forkhon ton i bitkhe; Almanach impérial mandchou, pour la 48e année de Khian loung (1783). In-fol., dem.-rel., m. v.

C'est un tableau complet et anthentique de la situation politique et de l'état administratif de la Tartarie chinoise.

68. Taitsing olon-oun tegri djin tatkoksan ô terikon on, etc.; Almanach impérial, en mongol, pour la 1re année de Khian loung (1736). In-fol., dem.-rel., m. v.

L'extrême rareté des livres écrits en mongol donne beaucoup de prix aux moindres ouvrages publiés dans cette langue.

69. Ten miô bou kan; Miroir des dignités pour la (4me) année *Ten miô*, en japonais. 4 cahiers in-8, renfermés dans un double étui, dem.-rel., m. r.

C'est une description statistique de la cour de l'empereur séculier à Yedo, avec une liste de ses officiers, un état de leurs revenus, l'explication de leurs armoiries et la figure des insignes qui leur sont propres. Cet exemplaire contient beaucoup d'interprétations manuscrites en hollandais.

70. Noms des dignitaires japonais, leur généalogie et l'état de leurs revenus, en hollandais. In-fol., dem.-rel. (*Manuscrit.*)

Ce volume provient de la collection de documens sur l'histoire naturelle, civile et politique du Japon, que M. Titsingh, représentant des Hollandais dans ce pays, y avait formée pendant un séjour de plusieurs années. Cette collection, célèbre il y a vingt ans, et dont on prétend que la compagnie anglaise avait offert 500,000 fr, se composait en partie de livres et de mémoires originaux, en partie de traductions rédigées par des interprètes japonais ou avec leur secours. A la mort de M. Titsingh, elle fut malheureusement dispersée, et quelques-uns des meilleurs manuscrits qui la composaient tombèrent alors en la possession de M. Klaproth.

71. Observations sur le Daïri et le Djogoun (ou souverains spirituel et temporel du Japon), accompagnées d'une description du cérémonial de la cour de Yedo, et suivies d'une notice sur les cinq grandes fêtes de complimens, et sur la fête des Lanternes, en hollandais. In-fol., dem.-rel.

Manuscrit de la collection de M. Titsingh.

72. Cérémonies usitées au Japon pour les funérailles, à l'occasion de la fête des Dieux, et dans les mariages; suivies de la description de Yeso, en hollandais. 1752, in-fol., dem.-rel.

Manuscrit de la collection de M. Titsingh.

73. Zi rei teou ran; Deux rituels pour les funérailles, en japonais. 2 part., pet. in-4.

Le premier rituel régle tout ce qui est relatif aux enterremens; le second détermine les prières et les offrandes qui doivent être faites. M. Titsingh a donné une traduction de cet ouvrage (*V.* l'art. suivant), mais en marquant, d'après ses propres observations, les dérogations qui se font parfois au cérémonial.

† Description des cérémonies funèbres des Japonais, en hollandais. In-fol., dem.-rel. (*Recueil* F.)

Manuscrit de M. Titsingh, avec des textes japonais et des figures originales.

HISTOIRE.

I. *Peuple chinois.*

74. Kia tseu hoeï ki; Tableau complet des cycles. In-8 4 part. en 1 vol., dem.-rel., m. v.

Cet ouvrage est un des plus utiles pour l'intelligence de l'histoire chinoise, et celui de tous au moyen duquel les recherches sont le plus faciles. Tous les faits y sont rapportés avec précision, classés avec méthode, par cycle d'abord, puis par années et par règnes, depuis la 8e année de Hoang ti (269[illegible] av. J.-C.), qui est la première du cycle de 60, jusqu'à la 42e année K[illegible] tsing (1563), où se termine le 71e cycle, ce qui embrasse une période [illegible] 4260 ans. L'auteur, nommé Sieï yng ki, vivait à la fin du xvie siècle. S[illegible]

71 6 " Dondeydupré

72 5 95 Merlin

73 20 " Dondeydupré

74 25 50 Dondeydupré

75 15 fo Bordas dupré

76 78 " id

77 105 Brockhaus

78 207 " Crozet

ouvrage a été continué jusqu'au commencement de la dynastie actuelle (1616), et on y a joint des dissertations sur les temps incertains ou mythologiques antérieurs à Hoang ti.

75. YU TING WAN NIAN LY; Chronologie des dix mille années, publiée par l'ordre de l'empereur. In-8, dem.-rel., m. v.

Avec une une concordance des dates manuscrite.

76. TSOU CHOU KI NIAN; Chronique du livre de Bambou, en 2 livres; copie manuscrite faite à la Chine et de la plus belle exécution. 1 vol. in-4, dem.-rel., m. bl., coins, filets.

Le *Tsou chou* passe pour avoir été composé la 20e année du règne de Nan wang, c'est-à-dire, 295 ans avant J.-C. Il fait partie de la grande collection intitulée : *Han 'Weï thsoung chou*, ou mélanges des dynasties *Han* et *'Wei*. A la copie qu'en possédait M. Klaproth est jointe une lettre autographe du P. Gaubil, relative à la rareté et à l'importance de ce livre, qui contient la série des souverains qui se sont succédé sur le trône de la Chine, depuis l'époque fabuleuse de Hoang ti, jusqu'à la fin de la dynastie des Tcheou (2704-782 avant J.-C.)

77. SSE KI; Mémoires historiques, composés par *Sse ma thsian*, nouvelle édition publiée en 1806. 5 vol. in-4, dem.-rel., v. f.

Cet ouvrage du grand historien de la dynastie des Han que l'on a, à juste titre, surnommé l'Hérodote de la Chine, est divisé en 130 livres, dont 12 de chronique impériale, 10 de tables chronologiques, 8 de dissertations sur l'histoire des sciences et des lettres, 30 contenant les annales des principales familles et 70 de mémoires sur divers sujets de géographie et d'histoire. Sse ma thsian mourut avant d'y avoir mis la dernière main; mais peu de temps après sa mort, sous le règne de Siouan ti (73 à 49 ans avant J.-C.), ces grandes annales furent publiées par les soins d'un neveu de l'auteur, nommé Phing toung heou. Elles sont aujourd'hui rangées parmi les ouvrages classiques; et l'ordre que l'on admire dans la multitude des faits qui y ont trouvé place, ainsi que la manière toujours élégante et nette dont ces faits sont présentés, justifient cette haute estime.

78. YU PY THOUNG KIAN KANG MOU; Miroir universel, avec les résumés de Tchou hi, revu par l'empereur. 13 vol. in-4, dem.-rel., m. violet.

Ce grand corps d'annales où tous les faits de l'histoire chinoise sont résumés et développés à la fois, se divise en trois parties, dues chacune à un écrivain différent; mais celui qui en est le premier auteur est Sse ma kouang, dont le travail comprend depuis l'an 425 avant J.-C., jusqu'à 960 de notre ère; il l'acheva vers l'an 1084. Comme il ne s'était pas occupé des temps anciens, Kin lou siang, qui vivait à la fin du XIIIe siècle, entreprit d'y suppléer, en composant le *Thsian pian*, ou annales antérieures, qui forme la première partie du recueil; la seconde est le *Tching pian*, ou annales proprement dites; c'est l'ouvrage de Sse ma kouang; la troisième est le *Siu pian*, ou annales supplémentaires; elle continue, depuis l'époque où Sse ma kouang s'était arrêté, jusqu'en 1368, ce qui comprend toute l'histoire des Soung et celle des Mongols. Dans l'origine, ce livre ne portait que le titre de *Thoung kian*; ce fut le célèbre Tchou hi qui y ajouta les mots *Kang mou* (abrégé de ce qui est remarquable), lorsqu'il le publia en y joignant le sommaire des faits principaux, disposé de manière à ce qu'on puisse saisir ceux-ci au premier coup-d'œil. Cette méthode, qui présente de grands avantages, fut appliquée aux complémens antérieur et postérieur qui furent rédigés depuis. L'ensemble ne forme pas moins de cent onze livres. On a fait beaucoup d'éditions du *Thoung kian;* elles ne sont pas toutes disposées de la même manière, et ne renferment pas les mêmes additions. Notre exemplaire est de l'édition impériale qui fut donnée la 46e année Khang hi (1708). C'est le *Thoung kian kang mou* qui sert de base à la grande histoire de la Chine du P. de Mailla; il y est traduit ou extrait presque en totalité.

79. TSEU DJI TOUNG GIYAN GANG MOU; Miroir universel à l'usage de ceux qui gouvernent. 97 parties en 15 vol., pet. in-fol., dem.-rel., m. r.

Ce magnifique ouvrage est la traduction mandchoue des grandes annales dont nous avons parlé à l'article précédent; elle fut imprimée la 30e année Khang hi (1692), par ordre de l'empereur qui la fit précéder d'une préface de sa propre main. Elle contient quelques additions curieuses et des notes importantes pour la géographie des contrées tartares. C'est sur cette version que le P. de Mailla a composé la sienne.

80. YU TING LY TAÏ KY SSE NIAN PIAO; La suite des dynasties et les événemens de chaque règne, en tables chronologiques publiées par ordre de l'empereur. 10 vol., gr. in 4, dem.-rel., m. v.

Le livre qui porte ce titre est peut-être, pour l'histoire, l'ouvrage le plus précieux de la bibliothèque de M. Klaproth, et c'est sans contredit le plus utile. Il a été composé par plusieurs savans que Khang hi réunit pour cet objet au printemps de 1705, et au nombre des quels figurent Kioung sse koung, Tcheou tsing youan, et Wang tchi tchou, qui sont ceux qui y ont pris le plus de part. Le travail fut achevé en 1712 et présenté à l'empereur qui voulut en composer lui-même la préface et qui en ordonna l'impression la 54e année de son règne (1715). Il est précédé d'une table des cycles, d'un usage indispensable, où la durée et le nom de chaque règne se trouvent marqués; d'une notice sur les savans qui ont concouru à sa rédaction et sur le plan qu'on y a suivi, et d'un index général. L'ouvrage en lui-même est divisé en 100 livres, comprenant depuis l'année 2357 avant J.-C., jusqu'à l'année 1368 de notre ère. On s'est conformé, pour la chronologie, aux dates données par le *Thoung kian kang mou;* mais les événemens de tous genres qui, dans ce dernier ouvrage, se trouvent nécessairement mêlés et confondus dans le cours de la narration historique, sont ici distingués avec soin. Les modifications apportées dans la division de l'empire; la succession des empereurs, des princes, des grands vassaux, des souverains étrangers indépendans ou tributaires; les irruptions des Tartares, les guerres, les révoltes, toutes les circonstances remarquables en un mot, sont disposées, chacune dans une colonne particulière, de manière à faciliter les recherches en les abrégeant.

81. LY SSE KANG KIAN POU; Abrégé des annales de la Chine. 55 livres en 5 vol., in-4, dem.-rel., m. v.

L'exactitude des faits, la concision de détails, le discernement de la cri-

70	200 "	Quatremere
80	250 "	Doudus Dusju
81	70 "	id

82	19	50	Crozet
83	46	50	id
84	140	"	moore
85	85	"	id.

tique et la sagesse de la méthode, sont des qualités que les Chinois s'accordent à reconnaître dans cet ouvrage qu'ils placent au premier rang parmi leurs compositions historiques du second ordre. Il fut composé sous la dynastie des *Ming*, par *Youan Liao fan*, qui vivait vers la fin du XVIe siècle et continué, dans cette édition (publiée en 1696) jusqu'au règne de Khang hi (1650), sous lequel il a été traduit en mandchou, ce qui est la meilleure preuve qu'on puisse donner de son mérite.

82. Ly tchao tsy lou; Tableau complet de la suite des dynasties. In-8, dem.-rel., m. v.

C'est un précis extrêmement succinct de l'histoire de la Chine: il est divisé en 12 livres et suivi d'un sommaire du *Toung khian*. Il a été publié l'année kia tchin de Khang hi (1664).

83. Djalan djalan-i khafou boulekou; Miroir exposant les générations par ordre successif. 5 livres en 1 vol., pet. in-fol., dem.-rel., m. v.

Manuscrit mandchou, d'une exécution très soignée, contenant l'histoire abrégée de la Chine jusqu'à l'époque de la dynastie actuelle.

84. Houng kian lou; La grande Histoire. 254 livres divisés en 65 cahiers, in-4.

On peut considérer cet ouvrage comme une continuation indispensable du *Thoung kian kang mou*. Tchou hi s'était arrêté, dans la rédaction de ces grandes annales, à la dynastie des Soung (année 960); le *Houng kian lou* reprend, un demi-siècle plus haut, par l'histoire des cinq dynasties *postérieures*, puis il donne celle des Soung, des Liao, des Hia et des Kin, qui n'avait pas été précédemment traitée. Les Chinois font beaucoup de cas de ce livre, qu'ils estiment surtout à cause du plan que l'auteur a suivi et dont nous essaierons de donner une idée à l'article suivant. Le *Houng kian lou* a été réimprimé souvent; cette édition est de la 36e année Kia tsing (1557); elle a été faite peu de temps après la mort de l'auteur nommé Tchao king pang.

85. Sou Houng kian lou, Youan sse louï pian; Histoire de la dynastie des *Youan* (Mongols), faisant suite au *Houng kian lou*. 42 livres en 15 cahiers, in-4.

Tchao youan ping, surnommé Kiai chan, l'auteur de cette histoire des Mongols, descendait, à la 3e génération, de l'écrivain à qui l'on doit le *Houng kian lou*. Il annonce, dans sa préface, l'intention de se conformer le plus possible au plan que son aïeul avait suivi, et en effet, il place dans le même ordre l'histoire des empereurs, celle des grands officiers de la couronne, des magistrats célèbres, puis la vie des reines, des lettrés, etc., et enfin les faits relatifs aux peuples étrangers. Il divise les empereurs en trois séries: les quatre premiers, qui sont en quelque sorte les précurseurs de la dynastie, forment la *chaîne de la génération;* ceux qui ont occupé le trône de la Chine sont la *succession*, et ceux qui se sont réfugiés en Tartarie l'*addition*. Les faits présentés avec plus de méthode et d'exactitude qu'on n'avait pu le faire encore, sont classés de telle sorte que ceux même qui sont relatifs à l'astronomie, à la géographie, aux inventions et aux découvertes peuvent se voir d'un coup d'œil sous l'année à laquelle ils se rapportent. Tchao youan ping acheva son ouvrage en 1693; il le présenta à l'empereur, en 1699, et il fut publié la 45e année Khang hi (1706).

86. Sou Houng kian lou, etc.; Dernier cahier de l'ouvrage précédent, contenant le 42e livre. Un cahier broché à la chinoise, in-4.

87. Sse tching hoeï y; Examen des annales. In-8 dem.-rel., m. v. (*Manuscrit.*)

Ce volume, étant entièrement dépourvu de titre, je me suis servi, pour le désigner, de celui du premier chapitre. Quant au sujet de l'ouvrage, autant que j'en ai pu juger en le parcourant rapidement, ce sont des études historiques particulièrement relatives à l'usurpation et au règne de Young lo, de la dynastie des Ming (1403-1424).

88. Toung hoa lou; Chronique de la Fleur d'Orient, 16 cahiers renfermés dans 4 enveloppes chinoises. In-8, mss., avec les concordances des dates de la main de M. Klaproth.

C'est l'histoire de la dynastie mandchoue actuellement régnante en Chine. Les peines les plus sévères attendent ceux qui prononcent ou écrivent le nom de l'empereur ou de sa famille; c'est un manque de respect digne du dernier supplice; aussi cet ouvrage n'a-t-il pu encore être imprimé; mais il s'en est répandu dans l'empire beaucoup de copies manuscrites, et il en est même venu quelques unes en Europe. Les événemens y sont rapportés brièvement, année par année, et sans réflexions ni développemens, depuis 1559 jusqu'à la mort de Young tching, en 1735. Il existe des copies plus complètes où l'on a ajouté le règne de Khian loung et le commencement de celui de Kia king, en 1795.

89. Hoang tchao wou koung ky ching; Récit des exploits militaires de la dynastie impériale. In-4, dem.-rel.

Lorsque, vers la fin du xvie siècle, les Mandchous sortirent de leur obscurité, leurs entreprises guerrières les eurent bientôt rendus célèbres, et cette peuplade prit en peu d'années un agrandissement considérable, qui se termina lorsque la conquête de la Chine et de toute la Tartarie ne lui laissa plus de contrées à envahir. Successivement elle planta son étendard chez les Eleuths, les Tibétains, le Ghorkas et jusque dans le Nepâl. D'un autre côté, l'affermissement de la dynastie des empereurs mandchous entraîna ces princes dans des guerres nombreuses et meurtrières, mais où leurs armes furent presque toujours triomphantes. A plusieurs reprises, les montagnards de Koueï tcheou et les habitans de diverses provinces tentèrent de secouer le joug de la domination étrangère; plus tard, toute la Chine méridionale se révolta contre les Mandchous dont les troupes étaient aux prises avec les Mongols et les soumettaient. Cet ouvrage présente un tableau aussi intéressant qu'animé des différentes entreprises dans lesquelles ils se trouvèrent engagés. Il est divisé en 4 livres et fut publié la 57e année de Khian loung (1792).

90. Koue li tchi; Description historique de *Koue li*. 9 cahiers in-8, dans leur enveloppe.

C'est une histoire de Confucius; Koue li était la résidence habituelle de

86	3	"	Crozet
87	5	7bre	Doudey Dupré
88	30	"	id
89	9	"	Duprat.
90	31	.	Doudey Dupré

91	130	"	[illegible]
92	200	"	do
93	210	"	do

ce philosophe dans le royaume de Lou, son pays natal. L'ouvrage est divisé en 24 livres et orné de figures. Notre exemplaire est incomplet d'un cahier contenant les livres 4 à 8.

II. *Nations tartares.*

91. **Daï Liao-i bitkhe**; Livre des grands Liao, en mandchou. 8 parties en un vol., in-fol., dem.-rel., m. v. (Les derniers feuillets sont gâtés par l'humidité.)

Au commencement du xe siècle, une horde tongouse, connue des Chinois sous le nom de *Khi tan*, ayant soumis une grande partie de la Tartarie et tout le nord de la Chine, fonda un empire indépendant qui est celui des *Liao* dont ce volume contient l'histoire. Les *Liao* commandaient à plus de 500 tribus tartares, percevaient les impôts de plus de 60 royaumes et traitaient d'égal à égal avec les souverains chinois. Leur empire s'étendait à l'orient jusqu'à la mer, à l'occident jusqu'à Kashgar; au nord il touchait au Baïkal, et au sud il comprenait le nord-est de la Chine et une partie de la Corée. Pendant plus de deux siècles, ils furent le peuple le plus puissant comme le plus redoutable de la Haute-Asie. En 1125, les *Niu tchi* se révoltèrent contre eux, s'emparèrent successivement de tous les pays qu'ils occupaient et fondèrent un grand empire sur les débris du leur (V. l'art. suivant.)

92. **Aïsin gouroun-i soudouri**; Histoire du royaume d'Aïsin, en mandchou. 9 part en 1 vol., in-fol., dem. rel., m. v.

Les *Niu tchi* ou *Jou tchi* donnèrent à leur nouvel empire le nom d'*Aïsin*, qui signifie *or*. C'est la dynastie *Kin* des Chinois. Les *Kin* sont les ancêtres des Mandchous. Ils eurent bientôt acquis une puissance égale à celle des *Liao*, qu'ils venaient de renverser; mais ils ne surent pas la conserver aussi long-temps qu'eux, et en 1234, ils furent à leur tour subjugués par les Mongols. (*V.* l'art. suivant.)

93. **Daï Youwan-i bitkhe**; Livre des grands Youan, en mandchou. 15 part. en 2 vol. in-fol., dem.-rel., m. v.

Les *Youan*, commandés par Tchinghis-khan, ruinèrent la puissance des *Kin* comme ceux-ci avaient anéanti celle des Liao, et par leurs conquêtes successives, devinrent maîtres de toute la Chine, et formèrent l'empire le plus vaste dont les hommes aient conservé la mémoire. Il subsista jusqu'à leur expulsion de la Chine en 1368.

La part active que ces trois puissantes nations ont prise, pendant plus de quatre siècles, dans les événemens de l'Asie, donne beaucoup d'intérêt à leur histoire encore mal connue. Ces trois ouvrages forment un corps d'annales suivies et originales de la plus haute importance. Ils ont été composés par ordre des premiers empereurs de la dynastie actuelle, et publiés en 1644 par Khife, Tchampa, Tchahoukhaï et Wang wen kouï. Ils sont d'une exécution magnifique.

94. KALKAÏ DOULIMBI TCHOUGOUN KOUSA; Les bannières de la tribu des Kalkas. 6 part. en 1 vol., in-4, dem.-rel. Manuscrit mandchou de la plus belle exécution.

Les Kalkas sont les descendans des Mongols qui, expulsés de la Chine en 1368, vinrent fonder un nouvel empire sur les bords de la Selinga, de l'Orkhon, de la Toula et du Kerlon. Jusqu'au commencement du XVIIe siècle, ils formèrent une nation indépendante, qui était divisée en 49 bannières et obéissait à trois khans ou chefs principaux; mais les Mandchous, 40 ans environ après leur établissement en Chine, les réduisirent sous leur domination ainsi que Eleuths ou Kalmouks, et d'autres peuplades du Tibet, de Kokonor et de la petite Boukharie. Ce beau manuscrit contient l'histoire des princes de ces différentes races, depuis leur origine jusqu'à l'époque de leur soumission aux Chinois.

95. Observationes historicæ Gerardi Frid. Mulleri quartæ relationi itinerariæ ad illustriss. imperii senatum additæ, et anno 1735, in itinere sibirico Jeniseæ collectæ. In-fol. (*Manuscrit.*)

Contenant des vocabulaires comparatifs de vingt-deux dialectes tartares, des pièces historiques et diplomatiques en russe et en latin. Ces différens ouvrages du célèbre académicien de Pétersbourg ne paraissent pas avoir été jamais publiés. Chaque page, collationnée et paraphée par l'auteur, est terminée par ces mots écrits de sa main : « Apographum hoc cum meo autographo convenire testor, *Gerard Fridrich Müller.* »

96. MONGOLENSIA. In-fol.

Volume manuscrit contenant divers ouvrages traduits du mongol en russe. On y remarque entre autres des notices historiques par le Lama mongol Tsortsii, et surtout le poëme héroïque où sont retracés, en sept chants, les hauts faits du *Destructeur des dix maux dans les dix mondes*, Bogda gesser khan. Le Tibet septentrional, la Chine occidentale et les pays voisins du Hoang ho supérieur sont le théâtre des actions de ce héros que la mythologie lamaïque a divinisé. Bergmann a donné plusieurs fragmens de ce poëme qui occupe le premier rang dans la littérature des Mongols et des Kalmouks, et M. Schmidt en a récemment publié le texte à St-Pétersbourg. Ce manuscrit, qui est d'une très belle écriture, est en caractères slavons.

97. Index mongol-allemand pour l'ouvrage de Pallas intitulé : Recueil de documens historiques sur les peuplades mongoles. In-4, dem. rel., m. v. (*Manuscrit.*)

Cet index, qui parait fait avec le plus grand soin, peut être d'un grand secours pour la lecture, souvent difficile, de l'ouvrage de Pallas. On a rectifié, dans la transcription des mots, les incorrections que Jœrig, qui servait d'interprète au savant voyageur prussien, a commises. C'est à la fois un vocabulaire assez étendu et une excellente table alphabétique, indispensable pour un livre aussi rempli de détails que l'est celui-là.

94			
95	252	"	Belligani
96	162	"	[illegible]
97	150	"	id

98	25	"	Dondey Dupré
99	46	"	Crozet
100	23	"	Dondey Dupré
101	165	"	Crozet
102	40	"	Duprat
103	26	50	Dondey Dupré

III. *Japon. — Peuples étrangers.*

98. **Wa Kan ti oo nen fioo**; Exposition chronologique des empereurs du Japon et de la Chine. In-4, dem.-rel., cuir de Russie.

Cette chronologie, imprimée la 5e année Fo rek (1755), commence à l'an 840 avant J.-C., et s'étend jusqu'à l'époque de sa publication. A cet exemplaire est jointe une continuation manuscrite qui va jusqu'en 1796.

99. **Wa Kan ti oo**, etc.; Même ouvrage que le précédent, et même édition. In-4, dem.-rel., m. v.

Cet exemplaire est précieux en ce qu'il contient la transcription manuscrite des noms de tous les empereurs, et la concordance des dates avec le calendrier grégorien.

100. Réflexions sur la chronologie des Chinois, d'après les auteurs japonais, avec quelques observations touchant l'origine des Japonais, et une chronologie comparée de la succession des princes chinois et japonais, jusqu'à l'année 1784, en hollandais. In-fol., dem.-rel.

Manuscrit de la collection de M. Titsingh.

101. **Nipon o Daï itsi ran**; Annales des Daïris, ou souverains ecclésiastiques héréditaires du Japon, en japonais. 7 parties en 1 vol. in-4, dem.-rel., cuir de Russie.

L'auteur de cette histoire du Japon est Sioun zaï rin sio, qui la publia la 5e année Keï an (1652). Elle s'étend depuis l'an 660 avant J.-C. jusqu'en 1600 de notre ère. Titsingh en avait laissé une traduction que M. Klaproth a revue et publiée.

102. **Nifon o Day itze ran**; Le même ouvrage, traduit en hollandais par M. Titsingh. In-fol., cart. (*Manuscrit.*)

103. **Sin dai-no**, ou **Kan yono maki**; Histore des générations divines. 2 parties en un vol., in-4, dem.-rel., cuir de Russie.

Ces deux livres, contenant l'histoire des premiers temps du Japon, appartiennent à un ouvrage plus considérable qui se compose de 30 parties différentes ayant toutes pour titre commun les mots *Yamato foumi*, c'est-à-dire, *Annales du Japon*. L'impression en gros caractères en est très belle.

104. Dai Wa zi si; Origine des choses au Japon. 6 part. en 1 vol. in-4, v. r., dent.

Cet ouvrage, d'un prix infini par l'importance de son sujet, contient des notices historiques sur les découvertes dans les sciences et dans les arts, sur les procédés industriels et l'introduction des usages qu'on ne connaissait pas anciennement au Japon. L'auteur est Kaibara Tokzin. Cette édition est de la 10e année Gen rok (1697).

105. Hoang Thsing tchi koung thou; Notices sur les peuples tributaires de la Chine sous la dynastie mandchoue, accompagnées de planches. In-fol.

Manuscrit de M. Klaproth, rédigé à Londres en 1825, dans lequel chacun des neuf *Kiouan*, ou livres dont se compose l'ouvrage original, se trouve analysé, extrait ou traduit partiellement en allemand. L'ensemble ne forme pas moins de 250 notices, et M. Klaproth a complété son travail par 17 feuilles de calques exécutés avec le plus grand soin sur les gravures chinoises, et offrant la représentation de 47 personnages appartenant à des peuplades diverses. Cet ouvrage se prolonge jusqu'au milieu du règne de Khian loung, vers 1760.

106. Kiao lieou pa tsoung lun; Histoire générale de Java. In-8, dem.-rel., cuir de Russie, carte et fig.

Singulier ouvrage, composé en grande partie d'après des autorités européennes et imprimé, à ce que l'on pense, à Batavia. Il contient une description géographique, statistique et historique de l'île de Java, nommé en Chinois *Kiao lieou pa*.

GÉOGRAPHIE.

I. *Chine et Tartarie.*

107. Thaï Ming Y toung tchi; Description géographique de l'empire chinois pour le temps de la dynastie des Ming. 40 cahiers en 6 vol. in-4, dem.-rel., m. v.

Aucune nation ne possède, pour la description de son pays, des ouvrages renfermant un ensemble de connaissances aussi détaillées et aussi complètes que celles qui sont réunies dans les travaux exécutés par les Chinois sur leur géographie intérieure. Non seulement la situation des lieux, la division territoriale, les particularités et les accidens du sol y sont calculés et décrits avec la plus minutieuse attention; mais tous les faits que les sciences physiques et naturelles présentent à l'observation, toutes les circonstances dignes d'attention que l'antiquité, l'histoire et la littérature peuvent offrir, y sont notés avec soin. C'est sur ce plan que cet ouvrage a été exécuté, d'après les ordres de Thian chun, empereur de la dynastie des Ming, la 5e année de

104 52 " Dondaydupré

105 [illegible]

106 20 " Dondaydupré

107 52 " Martin

108 350 „ Dondey Dupré

109 30 50 id

110 100 . Moore

son règne (1461), par les soins de Li hian, qui en fut le rédacteur principal. Il contient la description des seize provinces de l'empire, en 90 livres, dont le premier renferme les cartes et le dernier est consacré à la description des royaumes étrangers.

108. Thaï Thsing Y toung tchi; Description géographique de l'empire chinois au temps de la dynastie des *Thsing* (actuellement régnante). Edition impériale. 108 cahiers en 25 vol. in-4, riche dem.-rel., m. v., cartes et plans.

Les conquêtes des Mandchous et l'extension de l'empire du côté du nord, rendaient nécessaire la publication d'une nouvelle géographie officielle, conforme à l'état actuel de l'administration chinoise. Dès les premières années de son règne, Khian loung chargea l'académie des Han lin de réunir les matériaux de ce travail, qui devait avoir pour base et pour modèle les grandes géographies publiées sous les dynasties antérieures et notamment celle des Ming. L'ouvrage fut achevé en 1744 (9e année de Khian loung) et publié à Péking par les soins de Houng tcheou. Il est divisé en 356 livres, dont 342 sont consacrés à la description des 21 provinces de l'empire et 14 à celle des royaumes étrangers. Chaque province est partagée en départemens, chaque département en arrondissement, chaque arrondissement en districts; ce sont autant de grandes divisions qui se subdivisent en 24 articles principaux : 1o ensemble de la province avec l'indication des distances de toutes les villes à celle du premier ordre dont elles dépendent et de leur situation relativement à Péking; 2o climat, état du ciel, observations astronomiques et météorologiques; 3o géographie ancienne, changemens à diverses époques dans la circonscription et la dénomination des lieux; 4o montagnes, fleuves, lacs, localités remarquables; 5o mœurs et usages; 6o routes, canaux, ouvrages publics; 7o écoles, établissemens littéraires; 8o tableaux de population; 9o recensement des terres cultivées et en friche, stériles et en rapport; 10o administration civile; 11o lieux célèbres; 12o antiquités; 13o forteresses et moyens de défense; 14o ponts et gués; 15o digues et jetées; 16o tombeaux et monumens; 17o temples et salles consacrés au culte par le gouvernement; 18o temples et monastères des sectes de *Fo* et du *Tao*; 19o fonctionnaires qui se sont distingués dans l'administration de la province; 20o hommes célèbres; 21o guerriers et grands personnages; 22o femmes illustres par leur noblesse ou leur vertu; 23o saints et immortels; 24o produits.

109. Thaï Thsing Y toung tchi; Description géographique de l'empire chinois, au temps de la dynastie des *Thsing*. 1 vol. in-4, m. v., fil., cartes et plans.

Ce volume ne renferme que les livres 343 à 356, contenant la description des royaumes étrangers.

110. Supplément à la géographie impériale intitulée Thaï Thsing Y toung tchi. In-fol., dem.-rel., m. v., fil. (*Manuscrit de M. Klaproth*)

M. Klaproth a entièrement dépouillé l'avant-dernière édition du *Thai Thsing Y toung tchi* en la comparant à celle qui avait précédé, et il en a extrait et traduit tout ce qu'il y avait de plus que dans celle-ci. Ce travail, qui renferme plusieurs notices assez complètes pour être publiées, est surtout précieux en ce qui concerne l'extension de l'empire du côté de la Tartarie, et les pays au nord et à l'ouest où, depuis un siècle, les Chinois ont porté leurs armes et imposé des tributs.

111. TSENG TING KOUANG IU KI; Description de la terre, revue et augmentée. 12 cahiers en 2 vol. in-4, dem.-rel., m. r.

Sous ce titre, *Description de la terre*, est comprise une géographie de l'empire de la Chine, composée, vers le milieu du XVIe siècle, par Lou ying yang, d'après la division territoriale qui existait de son temps. Mais les empereurs tartares ayant modifié la distribution et la circonscription des provinces, et reculé les limites de l'empire, un lettré nommé Thsaï fang ping reprit le travail de Lou ying yang, et en 1686, il en publia une nouvelle édition revue et augmentée, et mise en rapport avec l'organisation introduite par la dynastie mandchoue. Depuis, cet ouvrage d'un usage journalier et d'une autorité irrécusable, a été réimprimé un grand nombre de fois. Cette édition, qui est d'une date assez récente (7e année Kia king, 1802) est entièrement conforme à l'état actuel de l'administration. Le premier cahier contient les cartes géographiques des 18 provinces, et le dernier, une notice sur la Tartarie, la Corée, le Japon et tous les pays limitrophes de la Chine.

112. THIAN HIA CHOUÏ LO LOU TCHING; Recueil complet de cartes routières pour voyager dans tout l'empire, par eau et par terre. In-12 obl., dem.-rel., m. v.

Ce routier contient un grand nombre de cartes et de plans.

113. SIN THSIAN THIAN HIA CHOUÏ LO LOU TCHING THSIOUAN TOU PY LAN; Recueil complet de cartes routières pour voyager dans tout l'empire, par eau et par terre, nouvelle édition. In-12, dem.-rel., m. bl., cartes et plans.

Autre routier divisé en six livres et extrait, comme l'indique le titre courant, d'un ouvrage plus considérable, intitulé: *Tcheou hing*.

114. CHIN YOUAN CHY LIO; Notice abrégée de la résidence impériale. 2 vol. in-8, dem.-rel., avec cartes et plans.

Description de Péking, en 16 livres, publiée l'année meou chin de Khian loung (1788), par Ou tchang youan. On y trouve tout ce qui a rapport à la géographie physique de la capitale et de ses environs, avec la description de ses édifices accompagnée de notices historiques.

115. HANG TCHEOU FOU KO CHING; Les merveilles de Hang tcheou fou : vues des jardins de plaisance et des palais de l'emperenr. 2 vol in-18, dans un double étui de m. j., fers à froid, dent.

Ces deux petits volumes contiennent 18 vues et un texte explicatif manuscrit, le tout sur taffetas et du fini le plus précieux. Ils sont accompagnés d'une notice mss. de la main du P. Cibot.

La ville de Hang tcheou, capitale de la province de Tche kiang, est célèbre dans tout l'empire, par la beauté des sites qui l'environnent et sur-

111	35	"	Merlin
112	3	"	10 (Tom.
113	9	"	10 (Tom.
114	15	"	Orozco
115	99	"	Merlin

116 1 10 Merlin

117 90 " Moore

118 90 " Crozier

119 25 " Merlin (j

tout par le voisinage du lac *Si hou*, dont les bords sont couverts de maisons de plaisance et présentent les aspects les plus agréables.

116. MOUKDEN, GING KHETCHEN I TCHERGI PAÏ NIROUKAN; Nomenclature des villes et de tous les lieux dépendant du gouvernement général de Moukden, en mandchou. Un cahier pet. in-8.

Joli manuscrit destiné à accompagner une carte en quatre feuilles, comprenant : 1° le Changgiyan alin, ou Mont blanc; 2° le pays de Yenden, ancienne résidence des souverains mandchous; 3° le département de Ninggouta, et 4° celui d'Oula.

117. Atlas historique de la Chine, en 21 cartes, par Klaproth (En allemand.) 1821, in-fol.

Texte explicatif en quatorze feuillets; manuscrit original et inédit.

Nomenclature géographique du pays des Mongols, des Kalkas, des Mandchous. etc., avec l'indication de la longitude et de la latitude de chaque lieu. In-fol.

Manuscrit original de 60 pages. Ce relevé a été fait par M. Klaproth, avec beaucoup de soin; c'est en quelque sorte la table du grand atlas exécuté au commencement du XVIIIe siècle, d'après les ordres de Khang hi, et conformément aux observations et instructions des jésuites mathématiciens qu'il avait, à cet effet, envoyés en Tartarie à plusieurs reprises.

II. *Japon et peuples étrangers.*

118. SAN KOKF TSOU RAN TO SETS; Aperçu général des trois royaumes, par Rin si fée. Yedo, 1785, 1 vol. pet. in-fol., contenant, outre le texte, 34 figures et 5 cartes, le tout relié à la japonaise et renfermé dans un double étui, dem.-rel., m. bleu.

Magnifique ouvrage, exécuté avec le plus grand soin et aussi curieux que rare. Il contient la description de la Corée, des îles Lieou kieou, de Yeso et de l'archipel Bo nin Sima, que M. Rémusat a, le premier, fait connaître. M. Klaproth a publié, en 1832, une traduction française de cet ouvrage.

119. RIO TOU TSIOU KOUWAÏ FOU TO KAN; Double routier du Japon. Yedo, 1807, in-8, v. rac., f., rempli de cartes et de plans.

Indépendamment de l'indication des distances, ce Routier donne le prix qu'il faut payer à chaque station, pour les vivres et pour les voitures, et la notice, le plus souvent accompagnée d'une vue, des édifices et choses remarquables qu'on rencontre sur la route. Ce volume est un des plus rares de la collection japonaise de M. Klaproth. Les mesures les plus sévères sont prises au Japon contre l'exportation des livres, mais elles sont surtout rigoureusement exécutées quand il s'agit d'ouvrages contenant des cartes et des plans qui pourraient donner aux Européens des notions sur l'intérieur du pays.

120. Enumération géographique de tous les lieux, des places, montagnes, rivières, etc., des 69 districts du Japon, en hollandais. In-fol., dem.-rel.

Manuscrit de M. Titsingh.

121. De la situation du Japon et de la Corée.=Des pays de Coconor, Sifan et Thybet, et des différens pays entre Hami et la mer Caspienne.=De la grande Muraille et de quelques lieux de la Tartarie.=Des ancêtres et de la mort de Gengiscan. =Mémoire sur le Thybet. In-fol., dem.-rel., m. r.

Copie manuscrite de différens mémoires, encore inédits, du P. Gaubil. sur quelques-uns des points les plus intéressans de la géographie de la Haute-Asie.

† Journal d'observations faites au Japon, par M. Titsingh, depuis le 30 novembre 1788 jusqu'au 13 novembre 1789, en hollandais. (*Recueil* G.)

Ce journal de M. Titsingh n'a pas été publié.

†† Yeso ki; Description de Yeso, avec le récit de la révolte de San-say-in, rédigés la 2e année du nengo Forek (1752), en hollandais. (*Recueil* F.)

Manuscrit de M. Titsingh.

L'auteur de cette description de Yeso est Araï Tzikoungo-no kami; on y a joint deux grandes cartes japonaises, coloriées, de cette île, dont les Japonais ont seuls encore pu visiter l'intérieur, et qui est célèbre par les discussions géographiques auxquelles elle a donné lieu.

122. Khian ting Si yu toung wen tchi; Recueil des noms des contrées occidentales, en chinois, mandchou, mongol, œlet, tibétain et turc, publié par ordre de l'empereur. 24 livres extraits et traduits en allemand, avec des observations, par M. Klaproth. Manuscrit autographe et inédit d'une exécution très soignée. In-fol., dem.-rel., m. bl.

Les conquêtes des empereurs tartares avaient reculé les limites de l'empire jusqu'en des contrées dont les noms étrangers ne pouvaient, sans de notables altérations, s'exprimer en caractères chinois. Pour obvier aux nombreux inconvéniens qui résultaient d'un mode de transcription arbitraire et souvent méconnaissable, et qui se faisaient chaque jour sentir davantage, Khian loung, en 1763, chargea plusieurs savans de réunir toutes les dénominations géographiques du Tibet, de la Petite Boukarie, etc., etc., ainsi que les noms des personnages marquans, des chefs et des magistrats de ces

120 34 a Sorgue

121

122 102 a [illegible]

123

124 40 „ [illegible]

125 44 „ [illegible]

126 11 50 [illegible]

pays, de donner la traduction de ces différentes dénominations et de les transcrire dans les caractères des six langues indiquées plus haut. Tel est l'ouvrage que M. Klaproth avait traduit ou extrait pour ses recherches particulières de géographie et d'histoire, et qui, par les observations qu'il y a ajoutées, est devenu un travail du plus grand intérêt.

123. **Weï Thsang thou chy**; Cartes et description de *Wei* et de *Thsang*. 4 cahiers in-8, dans leur enveloppe, avec cartes et figures.

C'est une description du Tibet; Wei et Thsang sont les noms qu'on donne à la partie haute et basse de ce pays. Le présent ouvrage a été composé par Ma chao yu et publié à Péking la 57e année Khian loung (1792); il contient un vocabulaire tibétain. L'archimandrite Hyacinthe et M. Klaproth en ont donné chacun une traduction, l'un en russe, l'autre en français.

124. **Kin ching tan kia ping Si yeou tchin thsiouan**; Véritable relation d'un voyage dans l'occident, rédigée, avec des observations, par *Kin ching tan*. 20 livres en 4 vol. in-8, dem.-rel., m. bl., ornés de figures bizarres.

Le *Si yeou* est un des quatre ouvrages connus sous le titre de *Sse t i y chou*, les quatre grands livres merveilleux. On le classe parmi les romans, mais il contient en réalité la relation des voyages exécutés au VIIe siècle par Hiuan thsang, lequel employa vingt années à parcourir les pays qui sont compris entre la Chine et l'Inde. A côté de quelques traditions fabuleuses, on y trouve des détails historiques pleins d'intérêt, sur l'introduction et la propagation des doctrines bouddhiques à la Chine. Toutefois, ce n'est pas le récit original du voyageur; ce n'est qu'une sorte de traduction en *siao choue*, ou style familier, qui en a été faite par *Kin ching tan*, lequel vivait vers l'an 1650 et qui a recomposé ainsi plusieurs autres ouvrages en les accompagnant de notes explicatives. La relation de Hiuan thsang qu'il avait divisée en 100 livres, réduite par *Ou y tseu* à ce qu'elle offre de plus merveilleux, ne forme plus que 20 livres dans l'abrégé que nous annonçons.

125. **Si iu wen kian lou**; Récit de ce qu'il y a de curieux dans les contrées occidentales. In-8, dem.-rel., m. r., cartes.

Les mots *Si iu* s'entendent plus particulièrement de l'Inde que de tout autre pays à l'occident de la Chine. Cette relation est divisée en huit livres; elle a été publiée la 42e année Khian loung (1777).

126. **Si iu wen kian lou**. 2 cahiers in-8, dans leur enveloppe.

C'est un second exemplaire du même ouvrage.

III. *Cartes et plans.*

127. Kou kin youan ke ty thou; Atlas des changemens successifs anciens et modernes. In-fol. plié en paravent et recouvert en riche étoffe dite *mandarine*. Tom.

Ce magnifique ouvrage, exécuté la 54e année de Khian loung (1788), et publié au Japon la première année Kwan seï (1789), se compose de treize tableaux, gravés au burin sur papier fort et coloriés avec soin, représentant, pour différentes dynasties, depuis les Hia, la carte comparée de l'empire jusqu'à l'époque actuelle. Ces tableaux sont répartis de la manière suivante : 1o carte routière de la Chine pour la dynastie des Thsing, actuellement régnante; 2o carte des neuf *tcheou*, ou divisions établies par l'empereur Yu, telles qu'elles sont rapportées dans le chapitre du *Chou king* intitulé : *Yu koung* (2224 avant notre ère); 3o carte de la répartition des terres par familles sous les Tcheou (1122-722 av. J.-C.); 4o la Chine suivant le *Tchun thsieou* de Confucius (722-480 av. J.-C.); 5o carte du démembrement de l'empire en sept parties, pendant les guerres (480-250 av. J.-C.); 6o carte des 36 provinces sous les Thsin (250-200 av. J.-C.); 7o carte par provinces et districts sous les Han occidentaux (200 av. J.-C.—25 de J.-C.); 8o la même sous les Han orientaux (25-220); 9o la même pendant la division de de l'empire en trois royaumes (220-265); 10o la même sous les deux dynasties des Thsin, orientaux et occidentaux, à laquelle on a ajouté 16 états appartenant aux cinq nations barbares limitrophes, telles que les Hioung nou, les Sian pi, etc. (265-618); 11o la carte des quinze gouvernemens établis par les Tang (618-1370); 12o carte du *Thaï Ming y toung tchi* (*V.* la notice de cet ouvrage, no 108); 13o carte du Japon et de l'Asie (*Ya si ya*).

128. Neï fou iu ti thou; Cartes des provinces et départemens de la Chine. 8 cahiers in-4.

Magnifique travail, exécuté vers le milieu du siècle dernier, par les ordres de l'empereur Khian loung. Il se compose de 214 cartes, comprenant une carte générale de la Chine dans les temps anciens, sous forme de mappemonde; 15 cartes générales des provinces; 165 cartes particulières des départemens dont chacune de ces provinces est formée; 33 cartes des districts et cantons les plus importans, avec l'indication des particularités locales dignes de remarque qu'ils renferment. Le premier cahier contenant les préfaces et autres pièces liminaires, ainsi qu'un abrégé de la géographie de la Chine, manque à cet exemplaire.

129. Tchi li ko seng iu ti thsiouan thou; Atlas complet de chacune des provinces de l'empire. 19 cartes collées sur cartons forts et pliées en paravent. In-fol.

Nous ne connaissons, pour la géographie chinoise, aucun ouvrage mieux exécuté et plus complet dans ses détails que celui-ci; il fut gravé la 11e année Kia king (1806). La première feuille est, comme nous dirions, une

127.	61	Merlin jour
128	67	id id
129	69	id id

130	210	"	Moore
131	22	"	Merlin (~~Le~~ Jom.
132	19	"	id (Jom.)
133	13	50	id id

carte d'assemblage; sur chacune des autres sont les dix-huit provinces qui composent l'empire, d'après la nouvelle circonscription établie postérieurement au règne de Khian loung, sous lequel on en comptait vingt-et-une.

× 130. Collection de Cartes de la Chine, de la Tartarie et du Japon, traduites par M. Klaproth et calquées de sa main sur les meilleurs travaux géographiques des Chinois. 354 feuilles sur papier végétal contenues dans un portefeuille rouge. Tom.

Cette précieuse collection se divise de la manière suivante :

1° Cartes générales des provinces de la Chine.	17
2° Cartes des départemens, traduites du *Neï fou in ti thou* (Voy. nº 128).	185
3° Frontières du nord et de l'ouest.	6
4° Le Chen si, d'après la nouvelle géographie impériale.	15
5° Départemens de la nouvelle province de Kan sou.	13
6° Cartes traduites de la nouvelle géographie impériale.	9
7° Cartes diverses et séparées.	19
8° Japon.	6
9° Cartes muettes.	84
	354

On ne craint pas d'affirmer que ces calques, dont plusieurs sont lavés avec soin, ne soient beaucoup plus beaux que les originaux qu'ils reproduisent.

× 131. Cheou chen thsiouan thou; Carte complète de la capitale de l'Empire. In-plano, sur toile. Tom

Magnifique plan de Péking.

× 132. Ta Kin tchouan ty ly thou hing; Carte figurative du pays des grands Kin tchouan. In-plano.

Les trois grandes chaînes qui traversent le Tibet de l'ouest à l'est, et dont les cimes sont les glaciers les plus orientaux de l'Himâlaya, se réunissent en un immense nœud de montagnes qui couvre presque toute la Chine occidentale. La province du Sse tchouan, surtout dans sa partie septentrionale, celles du Hou kouang, du Kouang si et du Kouang toung sont hérissées de ces montagnes. Elles y forment une chaîne d'une largeur considérable, que son élévation a fait nommer la *Chaîne des nuages*, et qui, se dirigeant jusqu'aux sources du Kiang, se prolongent bien au-delà des dominations chinoises. Les peuplades qui y vivent dispersées, étaient divisées en deux gouvernemens, désignés par les noms de petit et de grand Kin tchouan, et confondus sous celui de Miao tseu qui leur était commun. Grace à la nature inaccessible de leur pays, ces montagnards se maintinrent dans une entière indépendance jusqu'à l'époque où Khian loung, à travers mille obstacles et avec des peines infinies, réussit à les soumettre. La carte de cette contrée, alors presque inconnue des Chinois, et dont la configuration est encore ignorée des géographes européens, a été levée par le général Akoui, commandant l'armée qui fit la conquête du pays en 1775.

× 133. Sin ken Nipon yo tsi ro tei sen tsou; Carte des routes et

Tom

étapes du Japon; nouvelle édition. Une feuille de 48 pouces sur 30, cartonnée à la japonaise.

Ce magnifique monument géographique fut exécuté par Tsio den sin si ghikf', d'après les projections mathématiques en usage en Europe, et sur les observations des longitudes et des latitudes auxquelles il a adapté les différens routiers de l'empire japonais. Il acheva son travail la 3e année An yeï (1775).

134. SIN KEN NIPON YO TSI KO TEÏ SEN TSOU; Carte des routes et étapes du Japon; nouvelle édition. In-plano, collée sur toile. *Tom.*

C'est la même carte que la précédente, publiée la 8e année An yeï (1780). à Yedo.

135. NIPON YO TSI. SIN SOOU KAOU TEI KI DAÏ SEN; Grande carte routière du Japon, édition nouvelle augmentée, publiée en 1659. Très longue feuille pliée en paravent et renfermée dans un étui. *Tom*

Cet exemplaire est chargé d'explications faites en hollandais, par M. Titsingh, et d'autres en français de la main de M. Klaproth.

136. FOUN KEN YEDO DAÏ KOUWAÏ TO; Grand plan colorié de la ville de Yedo. 48 pouces de haut sur 46 de large. *Tom.*

Ce plan, qui est d'une édition assez ancienne, offre cela de curieux qu'il représente la capitale du Japon telle qu'elle était avant le fameux incendie de 1703, qui la réduisit en cendres.

137. GIYO YEDO KOUWAÏ TO. Plan colorié d'Yedo, édition impériale nouvellement gravée l'année *Ten mio* (1781). *Tom.*

Cette carte est sur une moins grande échelle que la suivante, mais elle offre les mêmes détails et elle est exécutée avec autant de soin.

138. GIYO YEDO DAÏ KOUWAÏ TO. Grand plan colorié d'Yedo, édition impériale nouvellement gravée la 7e année *Boun seï* (1824), très grande feuille pliée dans un carton gr. in-8. *T.*

139. MIYAKO DAÏ KOUWAÏ TO. Grand plan colorié de Miyako, plié dans un double carton à la japonaise. *Tom.*

On sait que Miyako, tant par son importance comme siége du souverain ecclésiastique du Japon, que par le nombre et la grandeur de ses monumens, est considérée comme la capitale de l'empire. Les temples et les édifices les plus remarquables qu'elle contient, sont indiqués sur ce plan de manière à donner une idée de l'immensité et de la splendeur de cette ville.

140. OSAKA SI SIYAOU TO. Plan d'Osaka, en japonais, grande feuille pliée en in-8. *Tom.*

Osaka, capitale de la province de Sets, est une des cinq villes impériales du Japon.

134	39	"	Merlin (jom)
135	10.	50	Merlin (jom)
136	20	50	id	id
137	24	50	Dandy Dupré
138	20	50	Julien
139	40	50	id
140	30	"	Merlin (jom)

141	25	"	Merlin (Jean)
142	37	50	Doudey Dupré
143	60	"	id
144	200	"	Moore

141. Fi siou tsiyaou ki to. Plan de la baie et de la ville de Nagasaki, en japonais.

Ce plan, levé par ordre du trésorier impérial de Nagasaki, en 1780, est très détaillé et comprend tous les alentours de Nagasaki jusqu'à la pointe de Nomo.

142. Sept autres cartes et plans de différentes villes et de lieux célèbres, en japonais, dont : Plan du port d'Yedo, carte de Yedo et de ses alentours, plan de la *Montagne impériale de la Splendeur du Soleil, etc., etc., etc.*

143. Kiou siou kiou ki to. Carte de l'île de *Kiou siou*, en japonais.

Cette carte, publiée à Nagasaki en 1783, contient beaucoup de détails curieux, principalement en ce qui concerne la navigation sur les côtes de la partie S. O. du Japon.

SCIENCES ET ARTS.

1. *Sciences naturelles.*

144. Pen thsao kang mou; Traité général d'histoire naturelle, par Li chi tchin, édition de 1765. 9 vol. pet. in-8, dem.-rel., m. v., fil., avec un grand nombre de figures.

Les végétaux formant, pour les Chinois, la classe la plus nombreuse des productions naturelles, on s'est accoutumé à désigner par ces mots : *Pen thsao*, proprement, *plantes principales*, des ouvrages où il est parlé non seulement des plantes, mais aussi des animaux et des minéraux. On connait sous le même titre, divers traités d'histoire naturelle, tant médicale que proprement dite, antérieurs à celui de Li chi tchin. Le premier est si ancien qu'on le fait remonter jusqu'à l'époque fabuleuse de l'empereur Chin noung à qui on l'attribue. La grande collection de Li chi tchin embrasse tout ce qui est relatif aux productions des trois règnes, sous tous les rapports où les Chinois ont pu les considérer. Elle est divisée en 52 livres contenant 16 classes, 60 ordres, 1871 espèces naturelles et 8160 compositions médicinales. L'auteur mit 26 ans à la former (de 1552 à 1578); elle a été publiée un grand nombre de fois et a servi de base à tous les traités du même genre. M. Klaproth a joint à son exemplaire les synonymies latines linnéennes de toutes les espèces qu'il a été possible de déterminer jusqu'ici.

† Ta kouan Pen thsao; Histoire naturelle des années *Ta kouan*. (*Recueil* D.)

Thang chin weï composa cet ouvrage de tout ce que les *Pen thsao* des siècles précédens, et notamment le *Pen thsao fang chou* contenaient de plus important; il l'acheva dans les années Tching ho (vers 1112). Il lui avait d'abord donné le titre de *Tching louï Pen thsao;* mais ayant présenté son travail à l'empereur Hoeï tsoung, ce prince en fut si satisfait, que, le considérant comme la gloire de l'époque à laquelle il avait été exécuté, il voulut qu'il portât le nom des années Ta kouan (1107-1110), qui sont celles de sa composition, et il a toujours conservé depuis ce titre de *Ta kouan Pen thsao*. Cette édition est de l'année 1469. Elle est divisée en 30 livres contenant dix classes, savoir : les gemmes et les métaux, les plantes, les arbres, l'homme, les quadrupèdes, les oiseaux, les poissons et les insectes, les fruits, les céréales, les plantes potagères. Ces dix classes renferment la description de 1455 espèces naturelles et de 1746 compositions médicinales. Le dernier livre est consacré à l'explication des planches qui sont au nombre de 294. Malheureusement, nous ne possédons ici de ce curieux livre que le premier cahier, et encore est-il abîmé de piqûres de vers. Il contient la préface du nouvel éditeur, celle de l'auteur, l'indication de 247 ouvrages qui ont servi à la composition du *Tching louï Pen thsao*, et une table détaillée du contenu de chacun des 30 livres au moyen de laquelle il nous a été permis de donner la notice qu'on vient de lire.

145. KHIEOU HOANG PEN THSAO; Plantes dont on peut faire usage dans les temps de famine. 2 vol. in-4, brochés à la chinoise, fig.

Ce recueil est fort recherché à la Chine même; il est divisé en 4 livres et contient la description de 440 sortes d'herbes, d'arbrisseaux et d'arbres qui croissent dans les campagnes, et dont les racines ou les écorces, les fruits ou les bourgeons, les tiges ou les feuilles, peuvent, moyennant certaines préparations qui sont indiquées, servir d'alimens dans les temps de disette. L'auteur à qui on le doit était un prince nommé Tching tchaï, qui vivait sous le règne de Thaï tsou (vers 1380). La première édition parut dans les années Young lo (1403-1425); celle-ci a été donnée la 43e année Kia thsing (1564) et imprimée dans la province de Ho nan, par ordre du gouvernement. Chaque plante est représentée au trait en regard de sa description.

Description of sticking with the Needle, and of burning Moxa in several complaints, represented in twenty plates, and accompanied by the explanation of the chinese characters on the *Tsoe bosi*, denoting the spots where to perform those operations. In-fol., dem.-rel., fig. (*Recueil* G.)

Manuscrit de M. Titsingh, offrant la traduction d'un traité intitulé, en chinois, *Tchin kieou ki pi tchao*, et composé à Foukousima, en 1780, par un médecin nommé Thai tchoung youan. Le *Tsoe bosi*, ou mieux *Tsou bosi*, dont il est fait mention sur le titre, est une sorte de mannequin sur lequel sont indiqués les endroits du corps où l'on doit porter l'aiguille ou appliquer le caustique. Ces différens points sont marqués ici sur les vingt figures qui accompagnent le mémoire.

146. ING-KI-LI KOUE SIN TCHOU TCHOUNG TEOU; Exposé du nouveau procédé d'inoculation apporté du royaume d'Angleterre. Cahier in-8, br. à la ch., avec une planche.

Cette instruction sur la vaccine a été traduite en chinois par sir G. Staun-

145 45 " Dupont

146

147	19	50	Moore
148	75	–	Moore
149	66	.	Dondus Dagné
150	6	50	id.

ton (Sse tang toung) et envoyée par lui à la cour de Péking où elle fut favorablement accueillie. Il a déja été fait plusieurs éditions de cet opuscule remarquable; celle-ci est de la 10e année Kia king (1805). Il en a été aussi publié une à Londres, il y a quelques années, sous le titre de : « Chinese treatise of the Vaccine, originally printed at Canton in 1805, now lithographied in London, in 1828, by W. Day. In-8. » Elle est entièrement conforme à l'édition originale ci-dessus.

II. *Sciences mathématiques.*

147. TCHY TAO NAN PE LIANG TSOUNG SING THOU; Carte des astres des deux lignes équinoxiales, méridionale et septentrionale.=KOUEN IU THOU; Planisphère terrestre. 2 feuilles in-plano.

On a mal à propos attribué le premier de ces deux planisphères au P. Schall; l'un et l'autre sont du P. Verbiest qui, sous le nom chinois de Nan hoaï jin, succéda au P. Schall dans la charge de président du tribunal des mathématiques, et les composa, vers l'an 1672, par les ordres et pour l'instruction de l'empereur Khang hi. C'est ce planisphère céleste qui a servi de base au travail du P. Grimaldi mentionné à l'article suivant.

148. FANG SING THOU KIAÏ; Table explicative de la disposition des étoiles. Péking, 1711, in-fol., plié en paravent, recouvert en étoffe de soie et renfermé dans un double étui en carton.

L'auteur de cet atlas céleste est le P. Grimaldi, successeur du P. Verbiest dans la charge de président du tribunal des mathématiques. La préface est signée de son nom chinois *Min ming 'o*. Ce magnifique exemplaire, imprimé sur papier fort, fut envoyé par Gaubil à Delisle, l'astronome, et il est chargé de notes et d'explications de la main du savant jésuite.

149. YOUAN THIAN THOU CHOUE; Explication du tableau de la sphère céleste, par Li ming tche. Canton, 1820, 3 part. en 1 vol., pet. in-fol., dem.-rel., m. bleu.

Quoique, depuis près de deux siècles, le tribunal des mathématiques ait adopté le système de Copernic, Li ming tche s'est conformé à celui de Ptolémée et a suivi les règles données à ce sujet par Yang ma nao (le P. Emmanuel Diaz) dans son traité intitulé : *Thian wen lio* (courte explication du Ciel.) La troisième partie de l'ouvrage de Li ming tche contient une mappemonde fort curieuse et les cartes des 18 provinces de la Chine. Ce livre, supérieurement exécuté, renferme en outre un grand nombre de figures.

150. KHANG HI CHI NIAN.......YOUEÏ CHI THOU; Seu, typus eclipsis lunæ, anno Christi 1671, imperatoris Cam Hy de-

cimo, die xv^to lunæ II^æ, id est, die xxv^to martii, ad meridianum pekinensem; nec non imago adumbrata diversorum digitorum in horizonte obscuratorum, in singulis Imperii sinensis provinciis, tempore quo luna in singulis oritur, auctore P. Ferdinando Verbiest, S. J., in regia pekinensi astronomiæ præfecto. In-8 alongé, plié en paravant, fig.

En chinois et en mandchou; le titre latin que j'ai transcrit en entier est imprimé en caractères européens.

151. THAÏ THSING KIA KING THSI NIAN SOUÏ TSEU JIN SIU CHY HIAN CHOU; Livre de la règle du temps pour l'année *Jin siu*, 7me de *Kia king* de la dynastie *Thaï Thsing*. In-4, dem.-rel., m. v.

Almanach civil pour l'année 1802, grande édition impériale. La rédaction du calendrier est, en Chine, une affaire d'état, et il y a, depuis des siècles, un tribunal astronomique à Péking, spécialement institué pour cet objet. Chaque année, le résultat de son travail est distribué dans tout l'empire. On y trouve des indications intéressantes sur la cosmogonie et la météorologie, la division du temps, la succession des saisons, les soins à donner à l'agriculture, les fêtes civiles et religieuses, etc., etc. Ce volume contient un autre almanach semblable, mais pour la 11e année du même règne (1806); il y en a deux exemplaires.

152. THAÏ THSING TAO KOUANG YOUAN NIAN, etc.; Almanach pour la première année *Tao kouang* (1820). Un cahier in-4, br. à la chinoise.

† TA THSIOUAN TOUNG CHOU; Grand calendrier astrologique pour la 11e année Kia king (1806), avec beaucoup de fig. (*Recueil* E.)

153. TA THSIOUAN TOUNG CHOU; Grand calendrier astrologique. In-8, cahier à la chinoise.

Pour la 9e année Tao kouang (1828).

† TCHEOU KOUNG KIAÏ MONG THSIOUAN CHOU; Livre des rêves expliqués par Tcheou koung. (*Recueil* E.)

Tcheou koung, dont on emprunte ici le nom, est le même qui administrait l'empire au commencement de la dynastie des Tcheou (vers l'an 1120 avant J.-C.) et qui est célèbre pour ses connaissances en astronomie. C'est parce qu'il a fait un commentaire sur l'*Y king*, qu'on lui attribue ces sortes d'ouvrages, qui sont en général basés sur les *koua*.

†† TSAO FOU THSIOUAN CHOU; Traité complet pour obtenir le bonheur. (*Recueil* E.)

Livre de divination, pour la 33e année de Khian loung (1768).

151 10 " Doubles Ducats

152 5 " 10

153 13 50 10

155 7 " Martin

156 15 a Martin [illegible]

157 50 a [illegible]

158

III. *Arts.*

155. Kin tchi yo; Traité de musique. Cahier in-8.

Livre complet de la mesure et de l'accord des tons.

156. Ten sin kaï siyou Fokf' saï ben k'wa rikf' fen; sixième livre de Croquis tirés du Cabinet du Nord, exécutés avec un art surnaturel pour servir de modèles. Pet. in 4, cart. à la japonaise.

La collection qui porte ce titre se compose de 10 parties, distribuées en huit volumes, dont chacun, consacré à une série de dessins analogues, est complet pris séparément. Ainsi, ce sixième livre représente différens exercices de force et d'adresse, tels que le maniement de l'arc, de la lance, du bâton, du fusil, et tout ce qui a rapport à la lutte, à l'équitation, à la manière de dompter et de dresser les chevaux, de les ferrer, de les charger et de les conduire, avec des armes et des harnais de toute espèce. Ces figures, gravées sur bois et imprimées en couleur, ne sont pas moins remarquables par l'expression et la naïveté, que par le talent plein de hardiesse et de vérité avec lequel elles sont dessinées. C'est ce que nous connaissons de mieux en ce genre.

157. Ten sin kaï siyou Fokf' saï ben k'wa sifou fen; Dixième livre de Croquis tirés du Cabinet du Nord, etc. Pet. in-4, cart.

Ce volume, qui fait partie de la même collection que le précédent, est principalement consacré à représenter des génies, des sorciers, des faiseurs de tours, des équilibristes et des jongleurs, des caricatures, etc.

158. Kien kia kie keou tse yao kieou chy eul fa; Les quatre-vingt-douze règles pour former les caractères. Cahier in-4.

La calligraphie, ou, suivant une expression consacrée, le *mouvement du pinceau*, sous le double rapport de la correction et de l'élégance, a dans les études chinoises, une importance qu'on ne peut apprécier si l'on n'a une idée de la nature des signes dont les Chinois font usage et des graves erreurs où peut entraîner la moindre inexactitude commise en les écrivant; aussi, le nombre des traités composés sur cette matière est-il fort considérable. Celui-ci, qui est un des plus estimés, a été publié et traduit par M. Davis, sous le titre d'*Eugraphia sinensis*, dans le 1er vol. des Transactions de la Société asiatique de Londres. Chaque règle est énoncée en quatre caractères, tracés avec une grande élégance, de manière à pouvoir servir de modèles; mais l'extrême concision du précepte nuit quelquefois à sa clarté, et rend tout-à-fait nécessaires les éclaircissemens dont notre exemplaire est accompagné et que M. Davis n'a pas reproduits. Les mots *Kien kia* désignent selon toute apparence le cabinet du lettré qui a donné ses soins à cette édition.

159. WOU PI THSOUAN YAO THSIAN TSI; Recueil des choses importantes relatives aux moyens de se défendre par les armes. 2 vol. in-4, dem.-rel., m. v., avec beaucoup de figures.

Cette grande collection de traités sur l'art militaire est considérée comme classique. Elle se divise en deux parties principales, intitulées, l'une : Collection antérieure, l'autre, Collection postérieure. La première contient 22 livres et porte la date de 1494; la seconde est divisée en 21 livres et est de l'année 1599. Le P. Amiot n'a traduit que trois des traités de la première série, dont quelques-uns ne remontent pas à moins de trois siècles avant notre ère.

160. TCHOOUKHAÏ BAITA BE GHISOURENGHE; Discours sur l'art de la guerre, en mandchou. In-4, dem.-rel., m. v. (*Manuscrit.*)

Ce manuscrit renferme une version tartare des traités de Soun tseu et de Ou tseu sur l'art militaire, que le P. Amiot a publiés en français d'après cette version-là même.

— 161. Collection de mémoires, de notices et d'extraits sur l'Art militaire, traduits du chinois en français par différens missionnaires et par Deguignes le père. (*Manuscrit.*) 2.12

Parmi ces pièces, on remarque les suivantes : Mémoire sur l'art militaire, par l'évêque d'Erinée.—Extraits du traité de la guerre intitulé *Vou king*, par le même.—Notices sur le *Pao* (canon), tirées de différens dictionnaires et de plusieurs livres d'annales, avec beaucoup de notes importantes pour l'histoire de l'artillerie en Chine. — Extraits du *Pen thsao* sur le nitre et le salpêtre.—Explication des huit ordres de bataille, traduite du *San thsaï thou hoeï*.—Recueil de figures concernant la guerre (texte explicatif.)—Extraits des dictionnaires chinois relatifs à la guerre, avec beaucoup de notes historiques très détaillées, par Deguignes le père.—Idée de la milice cochinchinoise.—Trente dessins représentant des camps, des plans de bataille, des armes défensives et offensives, des étendards, etc., etc.

✣ Traité de pyrotechnie, en chinois (sans titre). *Manuscrit* avec beaucoup de figures. (*Recueil* B.)

On peut lire dans les relations des voyageurs le récit des représentations merveilleuses de fleurs, de fruits, d'animaux, etc., que les artificiers chinois exécutent. Rien ne leur semble impossible; ils savent pétrir la poudre pour lui donner toutes les formes, et l'amalgamer avec mille substances pour produire les couleurs les plus variées et les effets les plus surprenans. Les procédés au moyen desquels ils y parviennent sont rapportés dans ce curieux ouvrage qui paraît être une copie, s'il n'est pas celui-là même d'où le P. d'Incarville a extrait le mémoire qui est inséré dans le t. IV (p. 66) des Mémoires des Savans étrangers, publiés par l'Académie des sciences. Notre manuscrit offre d'abord des figures, au nombre d'une quarantaine, où sont représentées les principales opérations de la pyrotechnie; puis viennent quelques instructions sur la composition des différens feux, et enfin la préparation de la poudre et l'indication des proportions dans lesquelles les mélanges doivent être opérés pour obtenir tel ou tel effet.

60 " Croyer

69 " id

40 " Doudy dupré

162	51	"	[illegible]
163	30	"	id
164	26	"	Duprat
165	83	"	Duprat
166	31	50	Crozet

LITTÉRATURE.

1. *Introduction. — Traités généraux et élémentaires.*

162. LOU CHOU KOU; Les causes de la formation des six classes de caractères. 20 cahiers in-4.

Ouvrage extrêmement important pour l'histoire de la langue chinoise, et que l'on peut regarder comme un véritable dictionnaire étymologique. Sa composition remonte à l'année meou 'ou de Yan yeou (1318). Hian houan te, qui en est l'auteur, l'a disposé par ordre de matières et divisé en 33 livres.

163. TCHING YUN THOUNG; Guide de la véritable prononciation. In-4, dem.-rel., m. v.

Cet ouvrage, où tous les tons de la langue chinoise sont catalogués et analysés, porte aussi pour titre les mots *Yun mou*, c'est-à-dire *engendrant le son*. Il est divisé en 5 livres, renfermant l'indication de la prononciation de 10,389 caractères, et accompagnés de considérations préliminaires sur la méthode de l'auteur, sur la nature de la langue orale et sur la classification des intonations dont elle est susceptible. Il a été publié par Iu chy liu, avec les corrections et les explications de Taï chy liu, l'année kia siu de Tsoung tching (1634).

164. PEÏ WEN YUN FOU; Répertoire tonique du *Peï wen*. 26 cahiers in-4, brochés à la chinoise.

Dictionnaire de phrases et de citations offrant des modèles tirés des meilleurs auteurs, et particulièrement destiné à l'explication des expressions métaphoriques usitées dans la poésie chinoise. Entrepris par ordre de Khang hi, la 43e année du règne de ce prince (1704), ce ne fut qu'en 1711 qu'il put être livré à l'impression. 176 savans concoururent à sa rédaction, et le titre de *Peï wen* lui vient du nom de la bibliothèque, ou si l'on aime mieux, de l'académie, où ils se réunissaient pour leur travail. Ces mots *Peï wen* signifient bibliothèque des *amateurs de la littérature*. L'ouvrage complet forme 131 cahiers; M. Klaproth n'en possède que 26, contenant les livres 16, 26 à 30, 50 à 76.

165. YUN FOU CHI Y; Choses omises dans le répertoire tonique. 106 livres en 23 cahiers in-4, à la chinoise.

C'est un supplément à l'ouvrage ci-dessus; il a été publiée la 59e année de Khang hi (1720). L'exemplaire est beau et bien complet.

166. FA IU HIU TSEU; Mots vides produisant le sens. Cahier in-8. *(Manuscrit.)*

Traité des particules suivant les différentes positions qu'elles occupent dans le discours. Ce petit écrit ne manque pas d'un certain intérêt grammafical, à cause du nombre de ces *mots vides* dont il détermine l'emploi, et de l'importance qu'ils ont dans la langue chinoise dont ils constituent presque toute la grammaire. Une note qui se lit sur la première page, attribue ce livre à un missionnaire jésuite nommé Grollet, qui nous est inconnu.

II. *Dictionnaires tout chinois.*

167. Eul ya, suivi du Siao Eul ya. In-4, dem.-rel., m. v.

Le *Eul ya* est le plus ancien vocabulaire chinois. Il est disposé par ordre de matières, en sorte qu'il présente un tableau infiniment précieux des connaissances des Chinois aux époques les plus reculées. Quelque opinion qu'on puisse avoir sur l'antiquité qu'on lui attribue et qui remonterait jusqu'à Tcheou koung (onze siècles avant J.-C.), qui passe pour en être le premier auteur, on ne peut contester son indispensable utilité pour l'intelligence des termes employés dans les temps anciens. Vers l'époque de notre ère, il a été mis en ordre et augmenté par les soins des plus habiles lettrés de la dynastie de Han qui, travaillant sur les traditions encore subsistantes de l'antiquité, ont pu les expliquer d'une manière satisfaisante, tout en n'employant que les définitions les plus précises. Kouo po, qui vivait au ive siècle de l'ère chrétienne, le publia dans la forme qu'il a aujourd'ui, avec quelques additions et des commentaires.

Le *Siao Eul ya*, ou *petit Eul ya*, qui se trouve dans le même volume, est un ouvrage du même genre que le précédent; il est peut-être aussi curieux, mais il ne jouit pas d'une aussi grande autorité. Il ne contient que treize articles et fait partie de la grande collection intitulée: *Han 'Weï thsoung chou, Mélanges des dynasties* Han *et* 'Weï.

168. Choue wen kiai tseu; Explications des caractères du traité de la littérature. In-8, dem.-rel., m. r.

Composé vers la fin du 1er siècle de notre ère, le *Choue wen* est encore à présent le plus important, comme il est le plus ancien des dictionnaires chinois proprement dits; et bien qu'il ait été en quelque sorte fondu dans des ouvrages plus récents, il n'en est pas moins demeuré la base sur laquelle repose la science des caractères, de leur orthographe et de leurs acceptions primitives. Indépendamment de l'explication des signes et de la définition des mots, il fournit sur les arts, les usages et les opinions de l'antiquité, des renseignemens sans lesquels il est impossible de rien faire de solide en matière de littérature chinoise et dont l'autorité est décisive. L'époque où ce travail fut entrepris est celle du rétablissement des études. Le zèle des lettrés pour retrouver et rétablir les anciens monumens de leur histoire dispersés ou détruits, était continuellement stimulé par les plus importantes découvertes. Des écrits de toute espèce, dans leurs caractères antiques originaux, s'offraient en abondance à leurs recherches et à leurs lumières. Hiu chi dépouilla tous ces documens que plus d'un siècle venait d'accumuler, et en rédigea le précis le plus exact et le plus judicieux, lequel contient, sous 540 clefs ou radicaux, l'explication de 9,353 caractères, plus 1,163 autres qui y ont été ajoutés et qui, tous, sont considérés comme classiques et fonda-

167 21 " Dunkerque

168 30 fo v Bailleul

169	29	[illegible]	[illegible]
170	72	„	[illegible]
171	38	„	[illegible]
172	33	„	id
173	30	„	id

mentaux. Cette édition, d'une impression serrée et très nette, est de l'année kia tseu de Kia king (1804) ; elle est exécutée d'après celle qui a été faite la 3e année Young hi (986).

169. Lou chou tching 'o; Le vrai et le faux des six sortes de caractères (anciens). In-8, dem.-rel , m. v.

Cet ouvrage est précédé d'une excellente table des mots expliqués dans le dictionnaire Choue wen, dont l'usage n'est pas commode à cause de sa distribution en 540 radicaux. Il est accompagné de deux préfaces qui portent les dates de 1350 et 1356, époque de sa composition.

170. Soung pen Iu pian; Livre précieux conforme au texte rédigé sous la dynastie des Soung. In-4, dem.-rel., m. v.

Un des plus anciens et des plus célèbres dictionnaires chinois. A l'époque où il fut composé, le Bouddhisme était très en faveur à la Chine, et les interprètes des livres de l'Inde, soit en altérant la forme des anciens caractères, soit en modifiant leur prononciation afin de leur donner un sens différent de leur acception primitive, avaient introduit un néologisme dont le *Iu pian,* rédigé dans l'esprit de la secte nouvelle, présente de nombreux et curieux exemples. La 9e année Ta thoung des Liang (543), il fut augmenté et mis dans un meilleur ordre, qui est celui qu'il a conservé. Il est divisé en trois parties principales, contenant chacune 10 livres, où la composition des caractères est rapportée à 542 signes élémentaires. Cette édition qui est fort belle, fut publiée la 40e année de Khang hi (1704).

171. Lou chou pen y; Sens primitif des six (classes de) caractères. In-4, dem.-rel., m. v.

Les *Ming*, devenus paisibles possesseurs de l'empire, donnèrent leurs premiers soins à la recherche et à la conservation des anciens monumens, que l'occupation successive de la Chine par les Khitans, les *Niu tchi* et les Mongols avaient dispersés et ruinés en partie. Ceux dont la destruction était consommée, mais qui se trouvaient décrits dans les livres ou subsistant encore par la tradition, furent de nouveau mis en lumière et expliqués. Tchao kou tseu, l'auteur de ce livre, est un des savans de cette époque qui rendit le plus de services à la paléographie chinoise. Il s'occupa de rassembler tous les caractères employés dans les inscriptions d'alors, et en les rapprochant de ceux des temps antérieurs, il les analysa et les expliqua les uns par les autres. Il termina son travail en 1378. Cette édition est de l'année 1520; elle contient l'explication de 1323 caractères numérotés par M. Klaproth.

172. Lou chou tsing wen; Recueil choisi des six (classes de) caractères. In-4, dem.-rel., m. v.

Cet ouvrage, qui est un des plus importans pour l'explication des anciens caractères, passe pour un chef-d'œuvre d'érudition et de critique. Il a été composé par 'Weï hiao, et publié en 6 livres, l'année keng tseu de Kia tsing (1540). On a joint à cet exemplaire des tables manuscrites, en chinois, du contenu de chaque livre et des interprétations françaises.

173. Tchy koú weï wen; Recueil des caractères laissés par l'antiquité. 2 part. en 1 vol. in-4, dem.-rel., m. v.

La disposition de cet ouvrage par ordre de tons, le rend d'un usage plus commode que les deux recueils du même genre inscrits sous les numéros précédens. Li jou tchin qui en est l'auteur, le rédigea la 20e année de Wan ly (1592), et il fut publié deux ans après.

174. YIN YUN TSEU HAÏ; La mer des caractères, rangés par ordre tonique. In-4, dem.-rel., m. v.

Ce lexique passe pour un des plus complets. Il contient l'explication de 66,174 caractères distribués sous 707 radicaux. Les exemplaires en sont rares, même à la Chine.

175. SIN KIAO KING SSE HAÏ PIEN TCHI YN; Véritable prononciation de l'océan des caractères contenus dans les livres. 5 parties en 1 vol. gr. in-4, dem.-rel., m. v.

La bibliothèque royale possède un dictionnaire portant aussi le titre de *Haï pien*, mais ou les caractères sont classés par matières, sous 454 clefs, au lieu de l'être par tons comme dans celui-ci. Le nombre des explications qu'il renferme s'élève à près de 55,000 et celui des clefs sous lesquelles elles sont données est de 439.

176. OU TCHHE YUN SOUÏ; Grand dictionnaire par ordre de tons. 160 livres en 5 vol. in-4, v. br., fil.

M. Morrison parle avec éloge d'un autre dictionnaire tonique, le *Ou tchhe yun fou*, dont le titre, presque semblable à celui-ci, offre aussi l'emploi de cette singulière expression hyperbolique, *ou tchhe*, pour désigner une grande collection, la charge de *cinq voitures;* néanmoins il ne faut pas confondre ces deux ouvrages, qui appartiennent à des auteurs différens. M. Morrison attribue le premier à un écrivain nommé Tchhin, et il aurait été publié sous Khang hi, par Phan ying pin; le second, qui paraît être de la même époque, fut composé par Ling i toung.

177. LOU CHOU FOU; Collection des six classes de caractères. 8 cahiers in-4.

L'auteur de ce dictionnaire a distribué tous les caractères qu'il explique sous 85 clefs, en les rangeant suivant l'ordre de leur prononciation. L'ouvrage contient 20 livres et a été publié la 30e année de Wan ly (1602).

178. HIOUAN KIN TSEU 'WEÏ; Collection des caractères de l'Or suspendu. 12 livres en 2 vol. in-4, dem.-rel., m. v.

L'expression *Hiouan kin (or suspendu)* se rapporte à un trait historique faisant allusion à l'excellence de cet ouvrage, qui est un des dictionnaires par clefs les plus estimés. Il fut composé l'année yi mao de Wan ly (1615), par Meï ying tso, surnommée Tan seng, lequel était originaire de Siouan tching, ville du 3me ordre dans la province de Kiang nan. Il contient l'explication de plus de 33,000 caractères. Les éditions en sont fort multipliées; celle-ci est de la 10e année Young tching (1732).

179. TSEU 'WEÏ POU; Supplément au dictionnaire de Meï tan seng. In-4, dem.-rel., m. v.

Rédigé par 'Ou tchi yi, natif de Si ling, et publié la 5e année de Khang hi (1666).

174 70 " [illegible]

175 38 " [illegible]

176 80 " [illegible]

177 62 " [illegible]

178 28 " [illegible]

179 30 " [illegible]

180	9	So	Dorchy Dupré
181	16	So	ID
182	32	"	Dupret
183	40	"	Dordu Dupré
184	141	"	"

180. TCHING TSEU TOUNG; Recueil général des caractères corrects. In-8, dem.-rel., m. bl.

Pour servir de supplément au dictionnaire *Tseu 'weï.*

181. FEN YUN TSO YAO; Choix des mots les plus essentiels, rangés par ordre tonique. 4 part. en 1 vol. in-12, v. rac., fil.

C'est une sorte d'index par *tons* pour le dictionnaire de Meï tan seng, intitulé *Tseu 'weï.* Il a été mis en ordre par Wou ki wen.

182. TCHHOUAN TSEU 'WEÏ. Collection des anciens caractères *tchhouan.* 12 cahiers en 1 vol. in-4, dem.-rel., m. v.

L'auteur de ce dictionnaire est Toung weï fou, qui le publia l'année sin weï de Khang hi (1691), d'après l'ordre suivi dans le *Tseu 'weï* (V. au sujet de l'écriture *Tchhouan,* le n° 253.)

183. THSAO TSEU 'WEÏ; Dictionnaire des caractères de l'espèce nommée *Thsao.* In-4, dem.-rel., m. bl.

Magnifique exemplaire d'un ouvrage aussi curieux que rare, publié l'année meou chin de Khian loung (1788), par Chy chou tsang. L'écriture *thsao* est extrêmement cursive, remplie de ligatures et d'abréviations qui la rendent fort difficile à lire. Elle fut inventée, au commencement de l'ère chrétienne, par Tchang ping, et elle est depuis lors restée en usage pour écrire les préfaces, les pièces fugitives et ces sortes d'inscriptions que l'on voit tracées sur les éventails, les écrans, etc., et qui seraient indéchiffrables sans le secours de ce dictionnaire dont l'usage est aussi commode que celui du *Tseu 'weï* sur le plan duquel il a été composé.

184. KIAÏ CHING PHIN TSEU TSIAN; Livre des caractères distribués par classes et expliqués par sons; édition publiée l'année ting mao de Khang hi (1687). 3 vol. in-4, dem.-rel., m. v.

Le premier auteur de ce dictionnaire est Yu hian hi de Tsian tang, dans le Tche kiang, qui, en mourant, en laissa les matériaux à Yu te ching, son fils. Celui-ci les mit en ordre et les publia en 1677. Il divisa l'ouvrage en dix sections principales, numérotées avec les caractères du cycle dénaire. Dans la première section, il rangea les caractères suivant l'ordre des 214 clefs, tels qu'ils le sont dans le *Tseu 'weï,* avec des renvois à l'explication qui en est donnée dans les neuf autres sections, où les signes sont disposés méthodiquement en 57 classes, de manière à former une sorte de nomenclature encyclopédique. Cet arrangement rend l'usage de ce dictionnaire difficile, en ce qu'on ne peut entreprendre d'y chercher un mot, si l'on n'a d'avance une notion assez exacte de sa signification. Les missionnaires, dans la vue de faciliter les recherches, ont imaginé de faire relier à part la première section, ou l'*Index* par clefs, et de distribuer le reste de l'ouvrage en sept parties, suivant les accents et de manière à présenter réunis tous les mots dont la terminaison est semblable. Cet exemplaire est, comme presque tous ceux qui sont venus en Europe, disposé d'après ce système que Fourmont a exposé très au long dans ses *Meditationes* (p. 33 et suiv.)

Le *Phin tseu tsian* ne contient que les 20,000 caractères les plus usités.

Ses définitions, à la fois précises et très claires, sont presque toujours accompagnées de notices sur les usages de la Chine qu'on chercherait en vain dans les autres dictionnaires. C'est un livre où l'on peut s'instruire des choses aussi bien que des mots, et qu'on peut consulter non seulement pour des difficultés grammaticales, mais aussi pour y puiser des notions sur les sciences et les arts des Chinois.

185. Tching tseu toung, ou explication des caractères réguliers. Dictionnaire par ordre de clefs, nouvelle édition, publiée la 17e année de Khang hi (1678). 5 vol. in-4, dem.-rel., m. v. Belle édition.

L'auteur de ce dictionnaire est Tchoung tseu lie, surnommé Eul koung, qui, en 1634, était attaché à la grande bibliothèque de Nan tchang fou. Sa pauvreté le contraignit à vendre son travail à un certain Liao pe tseu, sous le nom duquel l'ouvrage parut, pour la première fois, en 1670. Le *Tching tseu toung* est un des dictionnaires que les Chinois estiment le plus, tant pour la clarté et l'élégance des définitions, qu'à cause du choix et de l'abondance des exemples. Il est plus savant que le dictionnaire publié par les ordres de Khang hi, qui l'a remplacé dans l'usage habituel ; il est surtout plus riche sous le rapport de l'étymologie.

186. Y wen thoung lan ; Examen général des caractères classiques. 7 vol. in-4, dem.-rel., m. v., et un 1er volume en cahier.

Grand dictionnaire par clefs, d'une exécution superbe, et donnant, outre la figure exacte, les différentes formes anciennes, cursives et vulgaires de chaque caractère. Il a été rédigé l'année ting wei de Khian loung (1787), par Cha mou, et il en a été fait, à peu d'années d'intervalle, plusieurs éditions ; celle-ci est de la 8e année Kia king (1798). Cet exemplaire n'est pas complet ; il y manque les clefs 10 à 29, 147 à 153, 167 à 195. Le 1er vol. qui n'est pas relié contient les préfaces, les différentes tables et l'explication des caractères compris sous les clefs 1 à 9.

187. Y wen py lan ; Examen complet des caractères classiques. 8 vol. pet. in-fol., dem.-rel., m. r. (Le 5me vol. manque.)

C'est une nouvelle édition de l'ouvrage précédent, donnée par 'O heou 'an la 11e année Kia king (1806). L'exécution en est remarquable.

188. Khang hi tseu tian ; La loi des caractères, rédigée par ordre de l'empereur Khang hi. Péking, 1716, 9 vol. in-4, v. vert, fil., dent. à froid (Grande et belle édition sur papier blanc.)

Ce dictionnaire, disposé suivant l'ordre des clefs et contenant l'explication de plus de 40,000 caractères, est le plus célèbre des ouvrages du même genre, et il n'en est aucun qui soit d'un usage plus général. Il porte le nom du règne de l'empereur Ching tsou Jin hoang ti (*Khang hi*), d'après les ordres et sous la direction duquel il a été rédigé. Ce prince choisit parmi les lettrés les plus distingués de l'empire, trente docteurs qui employèrent six années à ce travail. L'ouvrage, commencé la 49e année de Khang hi

185 90 " Barthele

186 ~~70~~ 60 " ~~Dondey Dupré~~ Dupuis

incomplet Delarue [illegible]

187 55 " id

188 200 " Dondey Dupré

189	109	"	Delloye
190	1		
191	100	"	Moore
192	50	"	Dondaydupré

(1710), ne vit le jour qu'en 1716. C'est cette édition originale, exécutée sous les yeux de Khang hi, que M. Klaproth possède. Elle est précédée d'une préface composée par l'empereur lui-même, et dont l'impression figure de la manière la plus exacte les caractères tombés de son pinceau. Ce morceau curieux est terminé par une liste des noms et titres des trente docteurs qui ont pris part à la composition de ce dictionnaire.

189. Khang hi tseu tian; Le même ouvrage; autre édition portant la même date de 1716. 9 vol. in-8, v. rac., fil.

Cette édition est d'une exécution moins belle et d'un format plus petit que la précédente, mais elle est toute aussi correcte.

III. *Ouvrages grammaticaux et Dictionnaires chinois-européens.*

190. Lou chou chy y; La véritable notion des *Lou chou*, ou des six classes auxquelles les hiéroglyphes se rapportent. Dialogue d'un lettré et d'un vieillard, par Wen kou tseu, philosophe chinois, en français. Pet. in-4, br. (*Manuscrit.*)

Traduction d'un petit ouvrage attribué au P. Prémare, et dans lequel l'auteur expose, sur l'origine des caractères chinois, quelques-unes de ces hypothèses singulières qui avaient séduit plusieurs missionnaires très habiles, et qui tendaient à prouver, suivant l'expression du P. Prémare même, « que la religion chrétienne est aussi ancienne que le monde, et que le Dieu-« homme a été très certainement connu par ceux qui ont inventé les hié-« roglyphes de Chine. »

191. Notitia linguæ sinicæ, auctore P. Premare. 2 cahiers pet. in-4.

Manuscrit exécuté en Chine et que l'on croit être l'original même du P. Prémare; il contient des corrections importantes et des variantes nombreuses qui le font différer en plusieurs points de la publication de Malacca, exécutée d'après une copie incorrecte. On y trouve notamment un *Caput tertium; de sinicâ urbanitate inter loquendum*, de 42 p. qui n'existe pas dans l'imprimé, lequel, comme on sait, n'est pas complet.

Le même ouvrage. In-4, en feuilles.

Belle copie, exécutée sur papier de chine, de la main de M. Stan. Julien. Elle ne contient que l'introduction et la 2e partie.

192. Si jou eul mou tseu; Vocabulaire disposé par tons, suivant l'ordre des mots européens. 3 part. en 1 vol. in-4, dem.-rel., m. v.

Cet ouvrage n'est pas moins remarquable par la singularité de son exécution typographique, que par la manière, souvent ingénieuse, dont les caractères chinois ont été ramenés à l'ordre des élémens de notre écriture; au reste, c'est plutôt un syllabaire qu'un vocabulaire. L'auteur à qui on le doit, le P. Nicolas Trigault, fut un des plus zélés et des plus laborieux apôtres des premiers temps de la mission chinoise. Il mourut en 1628; son livre a été publié la 6e année *Thian khi* (1626).

193. HAN TSEU SI YE; Dictionnaire chinois-latin, par le P. Basile de Glemona. In-fol., cuir de Russie, fil., fers à froid, tr. dor.

Copie très soignée, exécutée à la Chine sur papier du pays, et 1714. M. Abel Rémusat a donné, dans son ouvrage intitulé : *Plan d'un dictionnaire chinois*, une notice détaillée de ce magnifique manuscrit et des tables importantes dont il est suivi. M. Klaproth y a ajouté une longue note très curieuse sur quelques dictionnaires chinois manuscrits rapportés de Chine en Europe.

194. HAN TSEU SI YE; Basilii a Glemona dictionarium sinico-latinum. In-fol., v. jaspé.

Copie manuscrite de la main de l'abbé Dufayel. Suivant une note de M. Klaproth, elle contient l'explication de 9,520 caractères.

195. HAN TSU SI Y; Dictionarium juxta clavium ordinem, auctum et emendatum à J. Klaproth. In-4, cuir de Russie, dor. sur tr., fil., dent. (*Duplanil.*)

Magnifique et précieuse copie du dictionnaire du P. Basile de Glemona, offrant sur la même page, outre l'explication des mots, les variantes des caractères, les synonymes et les rapprochemens entre les signes identiques. Ce manuscrit, de l'exécution la plus soignée, est terminé par différentes tables et nomenclatures, ainsi que par quelques additions utiles que l'on regrette de ne pas trouver dans les ouvrages du même genre composés par les Européens. C'est un travail tout fait, ou tout au moins un excellent modèle à suivre pour la publication d'un nouveau dictionnaire chinois. A la fin du volume on lit : *Concordantiam totius operis ad finem perduxi Dresdæ*, d. 15 sept. 1813. *Fervente gallico marte*. H. J. Klaproth.

196. HAN TSE SY Y; Dictionnaire chinois-latin-français, par le P. de Glemona, publié par M. Deguignes. Paris, 1813, in-fol.

Cet exemplaire, dont M. Klaproth se servait habituellement, peut être considéré comme un véritable manuscrit, à cause des additions qui en couvrent les marges. C'est en quelque sorte la première ébauche du nouveau dictionnaire qu'il avait l'intention de publier. On lit, sur le titre, la note suivante : « Les additions que j'ai faites à ce dictionnaire sont presque tou- « tes originales et extraites des livres et commentateurs chinois. Quand « j'ai pris quelque chose dans Morrison, je l'ai cité, ou je l'ai laissé en an- « glais. 31 juillet 1833. H. J. KLAPROTH ».

197. Dictionnaire chinois, latin et allemand, rédigé suivant l'ordre des tons, par M. Klaproth. In-4, dem.-rel., m. v.

Tom. 1er comprenant les syllabes commençant par les lettres F. H. I.

193	35	" Merlin
194	49	" Merlin
195	200	Moore
196	180	Moore
197	31	Denby Supp.l

198 30 a [illegible]

199 29 fo id

200 80 a id

201 30 a [illegible]

Y. M. et contenant l'explication de plus de 1,600 caractères, avec la clef de chacun écrite en rouge, de manière à pouvoir la reconnaître aussitôt. C'est le commencement d'un grand travail dans lequel M. Klaproth se proposait de refondre tous les dictionnaires composés par les Européens, afin d'en rédiger un nouveau plus commode et plus complet.

198. Dictionnaire chinois-russe. In-4, dem.-rel., m. r. (*Manuscrit.*)

Dans ce curieux vocabulaire, l'interprétation des mots en russe est donnée en caractères chinois.

199. Table de tous les mots qui composent la langue chinoise, afin de se servir sans peine du *Dictionnaire des Rimes.* In-4. (*Manuscrit.*)

Ce manuscrit, exécuté en Chine avec assez de soin, est précédé d'une préface dans laquelle le missionnaire qui est l'auteur de ce petit vocabulaire, expose les inconvéniens que présente la distribution du dictionnaire *Phin tseu tsiem*, et explique la manière dont il pense y avoir remédié au moyen de la table qu'il a rédigée, et qui renvoie, pour chaque son, au tome, au chapitre et à l'article de ce dictionnaire.

200. Bocabulario de lengua Sangleya por las letras de el a. b. c.=Lo que deve saver el ministro para administrar los sacramentos. = Arte de la lengua cHio cHiu. In-12, dem.-rel., m. v. Manuscrit sur papier de Chine, d'une belle écriture.

La langue *cHio cHiu* est la même que celle que les Espagnols ont appelée *Chincheo*, du nom de la ville de Tchang tcheou, ou suivant la prononciation vulgaire, Chion chiou, capitale de la province de Fou kien où cet idiôme ou patois est en usage. C'est en quelque sorte la langue maternelle des Chinois établis aux Philippines, et là sa dénomination se change en celle de *Sangley* sous laquelle ils y sont connus.

IV. *Dialectes de la Tartarie et de l'Inde.*

201. Thsing wen khi meng; Principes de la langue mandchoue, en chinois et en mandchou. 4 part. en 1 vol. in-4, dem.-rel., m. v.

Cette grammaire, publiée l'année Jin tseu de Young tching (1732), fut composée pour l'usage des écoles, par le docteur Cheou phing. Toutes les règles y sont écrites en chinois et les exemples donnés en mandchou. L'analyse que M. Rémusat a faite de cet ouvrage dans ses *Recherches sur les langues tartares*, tom. 1, p. 99, nous dispense d'entrer dans plus de détails.

202. Nikan gisoun kamtchikha mandchourara fiyelen i gisoun; Dialogues chinois mandchous, traduits en russe, par Antoine Wladykine. In-fol., br. en cart. (*Manuscrit.*)

Traduction de la seconde partie du *Thsing wen khi meng.*

203. Grammaire de la langue des Mantchoux. Florence, 1815, In-8. (*Manuscrit.*)

C'est une copie, faite par M. Klaproth, de la Grammaire du P. Amyot; elle offre l'avantage de l'emploi des caractères originaux substitués aux lettres latines employées par le savant jésuite.

204. Kin ting man han touï yn tseu chy; Modèles pour la transcription des mots mandchous en caractères chinois. Un cahier in-4.

Publié par ordre de l'empereur Khian loung la 37e année de son règne (1772).

† Youan yen tching khao; Examen des sons originaux (de la langue mandchoue), accompagnés d'exemples. (*Recueil* D.)

A l'usage des Mandchous. On donne d'abord la prononciation en mandchou, puis la liste des mots chinois qui y répondent. La date de la publication de cet ouvrage est de l'année koueï haï de Kian loung (1743).

205. Thsing wen tien yao; Choix de préceptes pour la langue mandchoue. 4 part. en 1 vol., dem.-rel., m. v.

Dictionnaire de phrases chinoises expliquées en mandchou, imprimé en 1739.

206. Khan i arakha nonkgime toktoboukha Mandchou gisoun i boulekou bitkhe; Miroir de la langue mandchoue, augmenté et revu par l'empereur. 6 vol. pet in-fol., riche dem.-rel., m. v., charnières en mar.

Dans son catalogue des livres chinois de Berlin, M. Klaproth a donné une notice étendue de cet ouvrage, qui fut publié pour la première fois à Péking, en 1708. Il était alors tout en mandchou. L'empereur Khian loung le revit, l'augmenta et le fit imprimer de nouveau en 1772, en y joignant les interprétations chinoises. Il est divisé par ordre de matières, et la totalité des mots qui y sont expliqués est distribuée en 36 classes, formant 292 sections dont plusieurs contiennent un assez grand nombre de sous-divisions. Cette seconde édition est accompagnée d'un index syllabique en 8 livres et d'un supplément par ordre de matières, également en 8 livres. Ce magnifique exemplaire a appartenu à M. Rémusat, et l'on y trouve transcrites de sa main en encre rouge, un grand nombre de synonymies mongoles.

207. Nikan khergen i oupaliyamboukha Mandchou gisoun i boulekou bitkhe; Miroir de la langue mandchoue interprété en chinois. In-4, dem.-rel., m. v.

Ce dictionnaire est en quelque sorte l'abrégé du précédent et peut le rem-

202	50	"	[illegible]
203	20	"	Dundy [illegible]
204	8	"	do
205	4	50	do
206	150	"	do
207	136	"	do

208			
209	59	"	Dondaugé
210			
211	35	"	Duprat
212	26	"	Cornac
213	22	50	Onzie

placer avec avantage. Il est également disposé par ordre de matières, mais d'une manière moins générale, puisqu'il ne contient pas moins de 280 classes. Il est divisé en 20 livres et a été publié la 13e année de Young tching (1735), avec une préface de cet empereur. Cet exemplaire est enrichi d'une traduction allemande, faite par M. Klaproth, de toutes les sections de l'ouvrage.

208. MANDCHOU ISABOUKHA BITKHE; Dictionnaire mandchou-chinois. 12 part. en 1 vol. in-4, dem.-rel., m. v.

Ce dictionnaire est moins complet, moins détaillé que le précédent, mais l'ordre alphabétique dans lequel il est distribué, le rend d'un usage plus commode. Il fut publié la 16e année de Khian loung (1751), par Li yen sse.

209. Vocabularium sinico-mandshuico-russicum, auctore Alexei Paritschow. *Irkutzkae*, in Sibiriâ, in-fol., cart. (*Manuscrit.*)

210. Dictionnaire mandchou-russe et russe-mandchou. = Dictionnaire mandchou, russe et chinois. = Dictionnaire chinois et mandchou. 4 vol. in-fol., rel.

Beau manuscrit sur papier de chine. M. Klaproth a ajouté des traductions françaises à beaucoup d'articles. La première partie de ce dictionnaire contient de 18 à 19,000 mots, tandis que le dictionnaire du P. Amyot n'en contient pas 14,000. Quant à la partie chinoise et mandchoue, c'est un travail on pourrait dire unique, car on sait qu'il n'existe pas, même à la Chine, de dictionnaire chinois expliqué en Tartare et que tous ont été faits pour le mandchou. Une note semblerait indiquer que ce précieux ouvrage a appartenu à l'interprète Wladykine, auquel il aurait servi pour ses études, pendant son séjour à Péking en 1781.

211. THSING WEN POU LOUÏ, ou bien MANDCHOU GISOUN BE NIYETCHEME ISABOUKHA BITKHE; Collection de pièces en langue mandchoue. 8 cahiers dans leur enveloppe chinoise, in-4.

Cette chrestomathie, en chinois et en mandchou, a été publiée la 51e année de Khian loung (1786).

212. FAN Y LOUÏ PIAN; Phrases chinoises traduites en mandchou, classées méthodiquement. In-8, dem.-rel., m. v.

Cette chrestomathie chinoise-mandchoue est divisée en quatre livres. Le 1er contient les phrases relatives au ciel, le 2e à l'empereur, le 3e aux membres du corps, le 4e aux actions humaines. Elle a été publiée la 14me année de Khian loung (1740).

213. NIKAN KHERGEN KAMTCHIBOUKA MANDCHOU GISOUN I OYOUNGO TCHOURIN BITKHE; Recueil des locutions mandchoues les plus essentielles expliquées en chinois. In-4, dem.-rel., m. v.

C'est un recueil de dialogues où l'on a cherché à réunir les tournures et les idiotismes qui se rencontrent le plus fréquemment dans les deux langues.

214. Dictionnaire mongol-mandchou. 4 vol. in-fol., dem.-rel., m. r. Manuscrit de M. Klaproth.

Disposé par ordre de matières comme le *Grand Miroir de la langue mandchoue*, et distribué en 21 livres et 280 classes. M. Klaproth avait commencé à y mettre les interprétations en chinois et en français, se préparant à le publier avec l'aide des encouragemens que le gouvernement prussien lui accordait.

215. Sur le miroir de la langue mongole. = Elémens de l'écriture et de la langue mongole et eleuthe, 2 parties. = Elémens de l'écriture et de la langue tibétaine. = Catalogue de manuscrits et de livres indiens, tibétains et mongols, recueillis chez les peuples de la frontière mongole. = Miroir des mots mongols logiquement disposés, rédigé la 56e année de l'empereur (Khian loung), par une commission composée de 4 Tibétains, 3 Mongols et 7 Chinois, traduits mot à mot en allemand. 2 part. in-fol., dem.-rel. (*Manuscrit.*)

Ce précieux recueil contient les travaux originaux et inédits de Jean Jæhrig, qui accompagna Pallas dans ses voyages, en qualité d'interprête, et qui, pendant un séjour de dix années au milieu des hordes tartares, avait acquis une connaissance étendue des différens dialectes qui y sont en usage. Ces pièces, rédigées de 1783 à 1793, soit à Irkutsk, soit à Kiakhta même, sont d'une exécution très soignée et accompagnées de caractères originaux.

216. Vocabulaire mongol-français, suivi de notices et d'extraits sur divers sujets d'histoire et de littérature orientales, par M. Klaproth. In-4, cart. (*Manuscrit.*)

217. Dictionnaire kalmouk-allemand. In-4 oblong, dem.-rel.

Manuscrit de la plus belle exécution, et en caractères originaux.

218. Khin ting Toung wen yun thoung; Traité de la prononciation de différentes langues, publié par ordre de l'empereur. In-4, dem.-rel., m. v.

Plusieurs docteurs de la religion samanéenne composèrent cet ouvrage d'après l'ordre de Khian loung, qui le fit imprimer la 14e année de son règne (1749). Il est divisé en six livres qui contiennent différens syllabaires et des règles pour la lecture et la prononciation du sanscrit, du tibétain et du mongol. A côté des mots imprimés dans chacune de ces langues, on indique leur transcription en caractères chinois. C'est ainsi un vocabulaire fort précieux, indispensable pour l'intelligence des livres bouddhiques qui ont été portés de l'Inde à la Chine et interprêtés dans la langue de ce dernier pays, par des écrivains nés, pour la plupart, dans la contrée même où le Bouddhisme a pris naissance. On trouve dans cet ouvrage une notice fort curieuse sur les plus célèbres de ces traducteurs.

214	296	n	[illegible]
215	200	n	[illegible]
216	25	n	[illegible]
217.	96	n	[illegible]
218	61	a	[illegible]

219 37 " Moore

220 156 " Crozet

221 80 " Dondu Dupré

222 400 " Moore

219. MIEN TIEN Y YU; Vocabulaire du pays de *Mien tien* (empire Birman). Cahier in-4. (*Manuscrit.*)

Dans ce vocabulaire, les mots, disposés par ordre de matières, sont écrits en caractères birmans accompagnés de leur prononciation et de leur signification en chinois. On y a joint des interprétations en russe auxquelles M. Klaproth a ajouté beaucoup de transcriptions en lettres latines.

V. *Langue japonaise.*

220. SETSI I'RO FA TE FON; Manuel des sept alphabets. In-fol., cart. (*Manuscrit.*)

Syllabaire japonais en caractères cursifs *Katakana* et *Firok na*, extrait d'un petit volume in-fol., imprimé à Miyako en 1708, lequel contient en effet sept syllabaires; en *Firokana* d'abord, puis six autres dans cette espèce de caractères chinois cursifs, appelés *Yamato kana*, servant à représenter des syllabes japonaises, et à droite desquels on lit, en japonais *Firok na*, la signification qu'ils ont en chinois. Notre manuscrit, qui est d'une belle main, est accompagné de transcriptions en lettres latines. M. Klaproth, dans une note qu'il à jointe au volume, pense que cette copie est la même que celle qui a été faite par le célèbre Witsen pour l'envoyer à André Müller; elle contient en effet quelques corrections de la main de ce dernier. M. Klaproth, qui en est devenu possesseur pendant son voyage en Sibérie, en 1806, y a fait à cette époque d'autres corrections et quelques additions importantes, avec le secours du Japonais Sin sou, baptisé sous le nom de Nicolas Kolotichin.

221. Grammaire japonaise, en partie traduite en allemand, en partie extraite de celle du P. Oyanguren, avec des rapprochemens tirés des grammaires du P. Collado et du P. Rodriguez, par J. S. Vater. In-4, dem.-rel., m. r. (*Manuscrit.*)

222. ZOO SIYOKF DAÏ KOUWAOU YEKI KOUWAÏ GIYOKF FEN DAÏ SEN; Grande édition des feuilles précieuses, augmentée d'additions considérables. 12 vol. pet. in-4, cart. à la japonaise.

Dictionnaire chinois-japonais. On ne possède guère jusqu'ici, en Europe, pour le Japonais, que des vocabulaires composés dans l'espèce d'écriture cursive la plus difficile à lire à raison de ses formes abrégées, et ils sont disposés alphabétiquement, en sorte que pour y chercher un mot, il faut avoir vaincu d'abord la difficulté que sa lecture présente, et savoir comment il se prononce. Aucun de ces désavantages ne se rencontre dans cet ouvrage : en premier lieu, il est aussi complet que possible, et les différentes valeurs des mots y sont rapportées avec toutes les définitions, explications et citations désirables. En second lieu, les mots sont transcrits dans l'écriture *Katakana*, ou avec les caractères réguliers, et ces mêmes mots enfin sont classés par radicaux et selon le nombre des traits, à la manière chinoise, et il ne faut pas oublier que le chinois est à présent et sera longtemps encore pour nous, l'intermédiaire le plus convenable pour aborder l'étude du Japonais. Les caractères sont disposés suivant l'ordre du *Tseu 'weï*, qui paraît avoir servi de base principale à tout le travail; à côté de chacun d'eux se trouve la lecture en *Katakana*, et au dessous les mots japonais correspondans, pareillement en *Katakana*, avec des définitions en chinois. On a ajouté à la série empruntée au *Tseu 'weï* des formes anciennes et japonaises qui sont distinguées par des signes particuliers. La marge supérieure et souvent une partie de la page elle-même, offrant une marge lattérale ménagée dans des proportions plus ou moins grandes, sont remplies d'additions qui suivent l'ordre du texte, et où l'on paraît avoir voulu compléter ce dernier par des emprunts faits aux meilleurs dictionnaires. Le *Giyokf fen* a été publié pour la première fois la 4me année Ghen rok (1691). Cette édition est de la 20me année Kio fo (1735).

223. Sin soou, Zi rin giyokf fen, fo yi; Précieux recueil de la forêt des caractères, nouvelle édition augmentée. Pet. in-8 obl., v. rac., dent.

C'est un dictionnaire chinois-japonais qui fut publié pour la première fois, la 9e année Kwan seï (1797), par Ren ten teï. Cette nouvelle édition a été imprimée à Yedo, la 3e année Boun seï (1820). Elle contient des remarques additionelles sur les caractères, leurs modifications, les tons, les variantes, etc., à la suite desquelles il est dit que la présente édition renferme, en forme de supplément, 16,000 caractères de plus que l'ancienne qui en contenait 20,000, et qu'en comprenant 5,000 caractères tant anciens qu'abrégés et autres, il y en a en tout dans ce volume 43,060.

224. Sin zi fiki giyokf fen daï ziyaou; Précieux recueil pour l'intelligence des vrais caractères. In-8, v. br., dent. f.

Autre dictionnaire chinois-japonais, publié la 2e année Boun seï (1819).

225. Kan wa yin riyaou; Vocabulaire tonique chinois-japonais. Pet. in-4, dem.-rel., m. v.

Sans date; mais d'une impression qui paraît ancienne.

226. Zi ten sets yoou sifou; Recueil pour apprendre avec promptitude les règles des caractères. In-18 obl., br. à la japonaise.

Dictionnaire de poche japonais-chinois, dont la distribution commode a fait multiplier les éditions. La première parut l'année kèng ou du *Nengo* Kwan ghen (1750); celle-ci est de la 14e année Boun kwa (1817).

227. Ye ki ken; La clef des interprètes pour les langues du Nord, ou dictionnaire hollandais-japonais. Grand in-4, cuir de Russie. (Riche reliûre de Duplanil.)

L'exécution typographique de cet ouvrage est extrêmement curieuse. On y suit l'ordre alphabétique européen, et le hollandais, imprimé en lettres latines, est accompagné de l'interprétation en japonais. Par la manière dont

223	120	"	Moore
224	95	"	Daulzy Dupré
225	18	"	Duprat
226	80	"	moore
227	240	"	id

927 bis	550	a	Mercier
928	165	a	Bouchy Dupré
929	9	a	Bachelet
930	15	a	Dupuis

il est disposé, ce dictionnaire serait d'un grand secours pour la composition d'un dictionnaire japonais-latin. On lit en tête du volume la note suivante, de la main de M. Klaproth : « *Nederduitsche Taal*, sive *Iakuken*, id est « clavis linguæ belgicæ; opus admodum rarum, compendium dictionarii « belgici, auctore Halma, a philologo japonico collatum atque tabulis xylo- « graphicis incisum. Extant editiones duæ, quarum altera in urbe Iedo, « altera in urbe Miyako ante 26 circiter annos apparuit (juillet 1833). »

227 *bis*. Dictionnaire japonais-allemand, par Jules Klaproth. Irkutzk, 1806, in-fol, m. r., dent. (*Manuscrit.*)

Un de ces navigateurs japonais jetés par la tempête sur les côtes du Kamtchatka, et que le gouvernement russe avait fait venir à Irkoutsk, remplissait, pendant le séjour de M. Klaproth dans cette ville, la chaire de langue japonaise que l'impératrice Catherine y avait fondée. Cet homme, né à Ysseï, dans la province de Firado, changea le nom de Sin sou qu'il portait dans sa patrie, contre le nom russe de Kolotichin. Il ne manquait pas d'instruction et enseigna les premiers élémens de sa langue maternelle à M. Klaproth qui, sous sa direction et avec son secours, composa ce lexique. Il est extrait d'un dictionnaire japonais-chinois fort estimé, intitulé : *Fayo biki sets yoou sifou (Recueil qui enseigne avec promptitude l'emploi des mots)*, et contient, outre le vocabulaire, plusieurs pièces accessoires importantes, telles que différens syllabaires, une table des cycles, la liste des noms propres, une description du Japon, la nomenclature des grandes charges de l'état., etc., le tout en caractères chinois-japonais cursifs, avec la prononciation en Katakana, la signification en Firokana, puis des transcriptions en lettres latines et l'interprétation en allemand. Ce manuscrit est de la plus grande beauté.

228. Vocabulaire japonais-chinois et hollandais-japonais, par ordre de matières. In-fol., br. en cart. (22 feuillets.)

Manuscrit très soigné exécuté par les soins de M. Titsingh. On y a joint plusieurs feuilles de syllabaires détachées.

VI. *Poésie.*

229. CHI YUN HAN YNG; Recueil d'expressions poétiques rangées par ordre de tons. Pet. in-8, dem.-rel., m. v.

Ce volume ne contient que les livres IV à XIV.

† SIN TSIAN TCHIN THSAO TCHOUAN LI THSIAN IA CHY; Vers de mille auteurs, en caractères *thsao*, *tchhouan* et *li*, accompagnés de leur transcription en écriture régulière. Nouvelle édition. (*Recueil* II.)

230. THSOU TSEU; Poésies (du pays) de Thsou. In-4, dem.-rel., m. v.

Ce recueil contient d'anciens chants, pour ainsi dire nationaux, réunis à d'autres pièces composées dans toute espèce de rythmes et sur toute sorte de sujets. La plupart appartiennent au poète Khio youan, qui était ministre du roi de Thsou, à l'époque de la décadence de cette principauté (vers l'an 250 avant J.-C.), et qui, par suite de disgrace et inconsolable des malheurs de sa patrie, se donna la mort en se noyant dans la rivière Mi lo. Le Thsou tseu jouit à la Chine d'une grande célébrité et est fort vanté par le P. Prémare, qui le cite comme renfermant des poèmes « où tous les charmes de la plus délicieuse poésie se font sentir, semblables aux plus suaves parfums des fleurs du printemps. » Cette édition, magnifiquement exécutée, et enrichie d'annotations imprimées en bleu et en rouge, est de l'année keng chin de Wan ly (1620); nous n'en possédons malheureusement que la seconde partie.

231. Yu tchi Ching king fou; Eloge de la ville de Moukden, édition impériale. In-4, m. v., f., dent. (Belle édition ponctuée.)

Poème composé par l'empereur Khian loung à la suite d'un voyage qu'il fit, en 1743, dans cette ville, patrie de ses ancêtres. Le P. Amiot en a donné une traduction française.

232. Khan i arakha Moukden i foutchouroun bitkhe; L'éloge de Moukden, en mandchou (en caractères sigillaires, avec la transcription en lettres ordinaires). In-4, dem.-rel., m. v.

En 1748, Khian loung fit imprimer son poème en trente-deux sortes de caractères chinois dont on avait retrouvé des modèles sur les anciens monumens; et pour que le texte mandchou ne le cédât en rien à l'autre, on imagina trente-deux formes de lettres mandchoues, en sorte que l'édition tartare fut multipliée autant de fois que la chinoise. Ce volume est une de ces singulières éditions.

233. Yu tchi Pi chou chan tchouang chi; La Ferme du mont Pi chou; vers par l'empereur, en chinois et en mandchou. In-4, dem.-rel. (*Manuscrit.*)

Différens morceaux de poésie et de littérature tombés du pinceau de Khang hi ont été recueillis avec soin et forment une collection de plus de cent volumes, dans laquelle ce poème descriptif a, selon toute apparence, dû trouver place. Le mont Pi chou, dont le nom signifie *Refuge contre la chaleur*, est un des lieux de plaisance des empereurs tartares. Khang hi en célèbre les beautés, comme plus tard Khian loung chanta celles de Moukden. La date de la composition de ce livre est de la 51e année du premier de ces princes (1712). Chaque vers est accompagné d'un commentaire étendu.

234. Ti pa thsaï tseu Hoa tsien ki; Histoire du papier à fleurs d'or, par le huitième des beaux esprits. 1714, 5 livres en 1 vol. in-8, dem.-rel, m. v.

Cet ouvrage est une sorte de poème narratif, ou de roman en vers de sept syllabes, genre de composition qui n'est pas commun et dont on connaît peu d'exemples parmi les livres qui ont été apportés de la Chine en Europe.

231	54	a	Crozet
232	80	a	Chatelain
233	110	a	Morel
234	34	a	Duprat

235	25	"	mars
236			
237	31	Jo	mars
238	31	Jo	id

Le titre que le poète a choisi désigne une de ces feuilles de papier à fleurs dont les Chinois se servent pour déclarer des sentimens ou exprimer des vœux dont l'union conjugale est l'objet. C'est, en style figuré, adresser des soins à une femme ou la rechercher en mariage. M. Thoms, à qui l'on doit une traduction anglaise du *Hoa tsien*, a rendu ces mots par ceux de *Chinese Courtship*.

235. SIEOU SIANG PA THSAÏ TSEU CHOU; Le livre du huitième des beaux esprits, orné de figures. 4 cahiers in-12, dans leur enveloppe chinoise.

Le même ouvrage que le précédent, mais d'une édition différente.

† TCHUN, LIEN TSING SIOUEN et TCHUN, LIEN TA KOUAN; Le Printemps, recueil de distiques sur différens sujets. (*Recueil* E.)

Publié la 35e année Khian loung (1770).

VII. *Romans et pièces de théâtre.*

236. SSE TA Y CHOU TI Y TCHOUNG; Le premier des quatre grands livres merveilleux. 2 cahiers in-12.

Ce sont deux parties séparées du célèbre roman historique de Lo kouan tchoung, intitulé *San koue tchi*, ou l'*Histoire des trois Royaumes*. Le premier cahier contient les livres 14, 15 et 16; le second, les livres 45, 46 et 47.

237. TI SAN THSAÏ TSEU IU KIAO LI; *Iu Kiao Li*, Histoire composée par le troisième des beaux esprits (Tchouang tseu). In-8, dem.-rel., m. bl.

Ce roman, l'un des meilleurs qu'on possède à la Chine, a été traduit par M. Rémusat, sous le titre de : *Les deux cousines*.

238. THSIOUAN SIANG KOU PEN CHOUI HOU TCHOUAN; L'Histoire des Rivages, en 25 livres. 1 vol. in-8, dem.-rel., m. v.

Roman semi-historique, dans le genre du célèbre ouvrage intitulé : *San koue tchi*, ou l'*Histoire des trois Royaumes*. Chi naï 'an, qui en est le premier auteur, est le cinquième des *Thsaï tseu*, ou écrivains par excellence, ainsi nommés à cause de l'élégance de leur style et des qualités de leur esprit. Il raconte les entreprises des pirates et des rebelles qui désolèrent l'empire au XIe siècle et l'histoire de leur destruction. Son ouvrage se composait de 75 livres. Lo kouan tchoung le réduisit à 25 et le publia dans la forme qu'il a aujourd'hui. Cette édition est de la 25e année Khang hi (1686); elle est ornée d'une vignette à chaque page.

239. TSENG TCHOU TI LOU THSAÏ TSEU CHOU CHY KIAÏ; SI SIANG KI; Histoire du Pavillon occidental; livre du sixième des beaux esprits, édition augmentée de notes. In-8, dem.-rel., m. v., fig.

Le *Si siang ki* est un des romans les plus lus à la Chine, tant à cause de l'élégance de son style, que par rapport à l'intérêt de l'action qui y est développée sous une forme plutôt dramatique que narrative. Il est divisé en 20 parties que l'on pourrait nommer des actes, et de même que quelques autres compositions analogues, son mérite lui a valu d'être revu et annoté par Kin ching tan. Cette édition est de l'année ki yeou de Khang hi (1670).

240. HAO KIEOU TCHOUAN; Histoire de l'épouse accomplie. In-8, dem.-rel., m. bl., fil.

Roman célèbre, dont la traduction française a eu deux éditions publiées sous le titre de : *Histoire de l'union bien assortie*, lequel, suivant M. Julien, rend d'une manière inexacte le titre de l'original composé d'une expression empruntée au *Chi king*. M. Davis a donné, en 1829, une version anglaise du même ouvrage. Notre édition est de l'année ting weï de Khian loung (1787).

241. HAO KIEOU TCHOUAN; Histoire de l'épouse accomplie. In-8, dem.-rel., cuir de Russie, fil.

Édition de l'année ping yen de Kia king (1806).

242. HOA THOU YOUAN TCHOUAN; Histoire de la carte peinte, roman en 16 livres. In-8, dem.-rel., m. v.

Le P. Prémare recommande beaucoup ce roman, dont deux chapitres, traduits en français par M. Fresnel, sous le titre de : *Le Livre mystérieux*, ont été insérés dans le *Journal Asiatique*, tom. 1er, pag. 202, et tom. 3, pag. 128.

243 KIN PING MEÏ; En 100 livres, avec une double gravure à chaque livre représentant les principales scènes du roman. 3 vol. in-4, dem.-rel., m. v.

Dans ce roman, dont le titre fait allusion aux noms des trois principales héroïnes, est racontée l'histoire d'un riche droguiste et de ses intrigues amoureuses. Toute une compagnie d'hommes et de femmes y est présentée dans les différens rapports qui naissent de la vie sociale, et on les voit passer successivement par toutes les situations que l'homme civilisé peut parcourir. La traduction d'un pareil livre rendrait superflu tout autre ouvrage sur les habitudes des Chinois; malheureusement, il renferme trop de passages qui ne sauraient être reproduits dans notre langue, et une version latine offrirait des difficultés insurmontables, à cause du grand nombre d'expressions chinoises pour lesquelles on ne pourrait pas trouver de termes équivalens en latin.

Sous le rapport littéraire, les Chinois regardent le *Kin ping meï* comme un chef-d'œuvre; mais les scènes que l'on y voit représentées sont d'une nature telle, que l'empereur Khang hi lança un décret de prohibition contre

239	31	fo	Lucore
240	18	fo	id
241	12	fo	Baillieu
242	40	"	Crozet
243	511	"	id

244 720 " Crozet

245 51 50 Moore

246 20 " id

247 20 " id

248 22 " Bailleul

249 13 " Dagnes

250 5 " id

l'ouvrage, lorsqu'il parut pour la première fois en 1695 ; circonstance qui, du reste, n'a fait qu'accroître sa célébrité et, en le rendant plus rare, n'a contribué qu'à le faire rechercher davantage.

244. Gin phink mei bitkhe ; Le livre *Kin ping meï*, traduit en mandchou. 7 vol. in-4, dem.-rel., m. v.

L'auteur de cette traduction, qui, pour la beauté du style, ne le cède en rien, au dire des Chinois, à l'original, est le frère même de l'empereur, dont un décret venait d'interdire la lecture du *King ping meï*, comme dangereuse pour les mœurs. La date de sa publication est de la 47e année de Khang hi (1708).

245. Houng leou meng ; Les Songes de la chambre rouge. 4 vol. in 8, dem-.rel., m. bl., fig.

Roman chinois, publié la 56e année de Khian loung (1791). Il a été traduit en anglais sous le titre de : *The Dreams of the red chamber.* C'est la peinture des mœurs de la cour impériale sous la dynastie des Ming.

246. Sieou siang Eul thou meï tchouan, Roman chinois en six livres, orné de figures. Pet. in-8, dem.-rel., m. r.

Publié la 2e année Kia king (1797).

247. Chy tiao kio pen pa wang pieï tchin hi wen thsiouan tchou ; Texte où l'on prend les romances et chansons qui sont en vogue. In-12, dem.-rel., m. v.

Recueil d'anecdotes et de petites pièces, au nombre d'environ quarante : chacune est précédée d'une gravure.

248. Kiun siao tao kouei ; Anecdotes plaisantes. In-12, dem.-rel., m. v.

Je n'indique que la première partie de ce volume, qui est un recueil d'anecdotes et de comédies composé de onze opuscules différens qui n'ont pas assez d'importance pour être catalogués séparément.

249. Tchao chi kou eul ; L'orphelin de la famille de Tchao. Cahier chinois in-4.

Cette pièce a été traduite partiellement en français par le P. Prémare et en entier par M. Stanislas Julien, qui a donné l'interprétation de toute la partie lyrique que le premier avait omise. Voltaire en adapta le sujet aux règles de notre scène dans l'*Orphelin de la Chine*. La composition de ce drame, ainsi que celle des deux suivans, remonte au xive siècle. L'exemplaire est incomplet du dernier feuillet.

250. Lao seng eul ; Le vieillard qui obtient un fils, comédie chinoise. Cahier in-4.

Cette pièce a été traduite en anglais et en français. Le premier et le dernier feuillet manquent.

251. Tsou tchao koung sou tche hia tchouen; L'embarquement du prince *Tsou tchao*, drame chinois. Cahier in-4.

VIII. *Paléographie.—Antiquités.—Numismatique.*

252. Tseng ting Tseu hio tsin leang; Pont pour arriver à la connaissance des caractères; édition revue et augmentée. In-4, dem.-rel., m. v.

L'auteur, nommé Fou jou 'weï, commence par exposer les différentes révolutions que l'écriture a subies depuis la plus haute antiquité, tant dans la forme des signes que dans leur prononciation. Cette introduction historique sur les altérations successives ou simultanées de la langue, est suivie de pièces de vers, propres à servir *d'exercices*, écrites en caractères *tchhouan*, *li*, *thsao* et *kiaï* (réguliers). Dans les trois premières formes, chaque caractère est accompagné de celui qui lui est analogue dans l'écriture ordinaire; dans la dernière, au contraire, les caractères, tracés avec la plus rigoureuse exactitude, sont mis en regard de leurs variantes les plus irrégulières et les plus abrégées. Cet ouvrage qui est, comme on le voit, un véritable traité de paléographie, est terminé par le tableau généalogique des familles chinoises connu sous le nom de *Pe kia sing*. Le tout a été publié l'année ting mao de Khang hi (1687).

253. Tchhouan li sin hoa; Les caractères *Tchhouan* et *Li* tracés de nouveau. In-8, dem.-rel., m. v.

L'écriture *tchhouan* est celle qu'on retrouve le plus habituellement sur les monnaies et les inscriptions antiques. Elle était en usage au temps de Confucius, et on s'en sert encore aujourd'hui pour la gravure des sceaux. L'écriture *Li*, qui remplaça l'écriture *tchhouan*, vers l'époque de la dynastie des Han, 200 ans environ avant J.-C., est fréquemment employée dans l'impression des préfaces. On a recueilli dans ce volume tous les caractères de la première espèce, en y joignant la forme moderne de chacun d'eux. Ce curieux répertoire, indispensable pour l'intelligence de certains monumens de l'antiquité, est divisé en deux livres et précédé d'une introduction contenant les *dix règles* pour bien tracer les caractères *Li*.

254. Po kou thou; Représentation de toute l'antiquité. 16 parties en 5 vol. in-4, dem.-rel., m. viol., fig.

Les monumens expliqués dans ce magnifique ouvrage consistent en vases, trépieds et miroirs de bronze, presque tous revêtus d'inscriptions. Le nombre en est considérable, et plusieurs remontent à la dynastie des Chang, c'est-à-dire à plus de 1700 ans avant notre ère. Chaque article se compose de la figure d'un de ces monumens, gravée au trait avec la plus grande finesse; puis l'on donne l'inscription antique qui y est tracée, imprimée en caractères blancs sur un fond noir et au dessous la traduction en autant de caractères modernes, et en dernier lieu une notice détaillée de l'objet re-

251	11	"	Moore
252	16	"	Dowling Dupré
253	40	"	Dowling Dupré
254	221	"	Cozzel

255 91 . Crozon

256 77 . Moore

257 5 50 Dowdy Hugh

258 80 . Moore

257 6 25 Dowdy Hugh

257 2 50 David

257 3 50 Dupuis

257 2 . [illegible]

257 lot 6 . Dupuis

présenté, de ses dimensions, de sa forme, de son poids, avec des observations historiques, archéologiques et philologiques, sur son âge, son emploi et sur les légendes que l'on y lit. L'empereur Kia tsing, de la dynastie des Ming, confia la rédaction de ce grand travail aux plus savans lettrés de l'empire. Cette édition est de l'année jin chin de Khian loung (1752). M. Thoms a donné des extraits étendus de cet ouvrage dans le 1er vol. du journal de la Société Asiatique de Londres.

255. SIAO THANG TSI KOU LO; Recueil de la collection d'antiquités du cabinet *Siao*. In-fol., dem.-rel., m. r.

Magnifique volume imprimé l'année siu weï de Kia king, et contenant la description et les figures d'un grand nombre d'inscriptions et de monumens paléographiques de tout genre.

256. FANG CHI ME POU MOU LO; Catalogue de la collection des Encres de *Fang chi*. In-fol., dem.-rel., m. v., avec des fig. à chaque page.

Les lettrés chinois sont fort curieux des collections de ce genre, et il existe plusieurs catalogues descriptifs et raisonnés de quelques cabinets, célèbres pour la rareté, l'ancienneté et la beauté des morceaux d'encre qui y sont réunis. Un savant, nommé Tcheng chi, imagina le premier, au XIe siècle, de reproduire, soit par des formes particulières, soit par des empreintes, tous les monumens de l'antiquité qu'il avait pu recueillir. Cet exemple eut aussitôt de nombreux imitateurs, et aujourd'hui il n'est pas de lettré de quelque renom qui n'ait son *jardin* ou sa collection d'encres. La description de celle-ci date de l'année meou tseu de Wan ly (1588).

† TSAO TOUNG 'AN THOU CHOU FOU YN LO; Collection de cachets rassemblés dans le cabinet du Repos oriental. In-8, dem.-rel., m. v. (*Recueil* II.)

Chaque cachet de cette singulière collection est imprimé en rouge; à côté de l'empreinte se trouve d'abord la transcription, en caractères ordinaires, de la légende qu'elle reproduit, puis l'explication détaillée du sens de cette légende, et enfin la description du cachet lui-même, quant à sa forme et à la matière dont il est fait. Le nombre des empreintes est de plus de 200.

257. Ectype de l'inscription de Yu, en douze feuilles, caractères blancs sur fond noir.

Copie figurée du monument élevé par l'empereur Yu, sur le mont Heng, après qu'il eut fait écouler les eaux qui inondaient la Chine. M. Klaproth, qui préparait un nouveau travail, tant sur l'authenticité de ce célèbre monument, déja défendue par lui contre Hager, en 1811, que sur l'interprétation du texte même, qui remonterait à près de quarante-un siècles, avait fait tirer de ce fac-simile un assez grand nombre d'exemplaires aujourd'hui détruits.

258. KWAN SEÏ KOOU FAOU KAGAMI; Miroir de numismatique des années *Kwan sei*, en japonais. Pet. in-4, fig.

Publié la 6e année Kwan seï (1794), par Riou sek yen ou, et contenant la représentation et la description de près de 200 monnaies ou médailles, pour la plupart chinoises, appartenant à diverses époques.

259. Ko sen ka fou; Anciennes monnaies, avec leur valeur approximative, en japonais. Pet. in-4, fig.

C'est le catalogue d'une collection particulière, dans laquelle on voit figurer plusieurs médailles ou pièces de monnaie frappées en Europe. Il est divisé en deux parties, suivies d'un petit appendice contenant les médailles fausses. Il a été publié à Yedo la 5e année Kwan seï.

260. Catalogues et descriptions de monnaies japonaises, en hollandais, avec fig. In-fol., dem.-rel. (*Manuscrit*)

Recueil formé par M. Titsingh, qui s'était particulièrement occupé de la numismatique japonaise, et avait rassemblé une collection de plus de 2000 pièces. Notre manuscrit contient les figures, parfaitement exécutées sur papier de chine, de 63 monnaies d'or et de 30 monnaies d'argent.

IX. *Histoire littéraire.—Philologie.—Bibliographie.*

261. Loung weï pi chou; Collection de ce que renferme le *Loung weï*. 36 cahiers dans 5 enveloppes, in-12.

Les mots *Loung weï* (*majesté du dragon*) désignent le cabinet particulier de l'empereur, proprement ses archives secrètes. Ce recueil, qui en est tiré, est extrêmement curieux et paraît fait avec beaucoup de soin. Il contient différens mémoires d'érudition, parmi lesquels plusieurs, consacrés à la géographie générale, renferment des notices sur les pays voisins de la Chine et les contrées de l'occident; sur l'Inde, la Perse, l'Arabie, la Turquie, l'Europe, l'Afrique, la Malaisie, Formose, etc., le tout accompagné de figures de monnaies, de costumes et d'un spécimen de différentes langues et des caractères qui leur sont propres. Malheureusement M. Klaproth ne possède pas la collection complète de ces mémoires, qui se compose de 80 volumes, contenant chacun un ou plusieurs traités et formant ainsi, même pris isolément, un ouvrage complet. L'édition est de l'année kia yen de Khian loung (1794).

262. Kiun chou pi kao; Examen approfondi de divers ouvrages. In-4, dem.-rel., m. v.

Mélanges de critique et d'érudition, recueillis par Youan liao fan, et publiés l'année jin 'ou de Tsoung tching (1642), en 4 livres accompagnés de cartes et figures.

✝ King hio kao; sse hio kao; wen ty kao; li hio kao; Notices historiques des *Kings*, des annales, et des systèmes sur la nature de l'homme. (*Recueil* II.)

Manuscrit d'une écriture élégante.

259 200 " Moon

260 140 " Moon

261 55 " Doudeshuppi

262 20 " id

263 34 " Daudé Dupré

2

264 129 " Crozes

263. KHIN TING SSE KOU THSIOUAN CHOU KIEN MING MOU LO; Catalogue abrégé de tous les ouvrages composant la collection des Quatre Magasins, publié par ordre de l'empereur. 4 vol. in-8, dem.-rel., m. r.

Dès les premières années de son règne, Khian loung fit rechercher les meilleurs écrits dans tous les genres composés en chinois, et forma le projet de les réunir dans une même collection, qui reçut le titre de collection des Quatre Magasins, ou Trésors. Le P. Amiot pensait qu'on lui avait donné ce nom par analogie avec l'expression des Quatre Mers, qui désigne l'empire, auquel on n'assigne point de bornes; voulant indiquer par là l'immense étendue de ce recueil. Mais, suivant une interprétation plus plausible donnée par M. Julien, cette locution se rapporte à la division bibliographique même adoptée par les Chinois, qui rangent tous les livres en quatre classes, savoir : les *Kings*, les Annales, les *Tseu* ou Philosophes, et enfin les Collections. Les livres ainsi réunis étaient appelés *Sse kou chou*, expression qui permet de supposer qu'une salle particulière était consacrée à chaque division. Quoiqu'il en soit, et pour en revenir à la publication dont il s'agit, elle devait, d'après un premier plan arrêté en 1761, former 168,000 volumes. En 1774, un rapport fut fait à l'empereur sur les progrès de cette immense entreprise et des ordres nouveaux vinrent en presser l'exécution. En 1821, près de 80,000 volumes avaient paru. L'ouvrage que nous annonçons sous ce numéro est un précis ou catalogue méthodique et raisonné de toute la collection. Il se compose de 20 livres et a été publié à Péking, la 39e année de Khian loung. (1762).

† Liste des livres chinois apportés sur le vaisseau nommé *le Prince de Conty*, par le P. Fouquet.

C'est le catalogue d'une collection, aussi considérable que bien choisie, de livres chinois réunis par le P. Fouquet et rapportés par lui en Europe en 1720. Cette bibliothèque chinoise, dit M. Rémusat, fait également honneur au goût et au savoir de celui qui en avait su rassembler les matériaux. Elle contient l'indication de 340 ouvrages, avec une traduction française du titre de chacun, écrite de la main même du savant missionnaire. Il est à regretter que ces livres aient été dispersés. La majeure partie a passé à la bibliothèque de la Propagande, à Rome, dont elle forme le fonds principal; il y en a quelques-uns à la Bibliothèque Royale de Paris.

264. Catalogue des livres et manuscrits chinois et mandchous de la bibliothèque de l'Académie impériale des Sciences, rédigé par ordre de S. Ex. le comte Alexis de Rasumowski, au mois d'août 1810, par M. Klaproth (en allemand). In-fol., m. r. *(Manuscrit original.)*

Les ouvrages que M. Klaproth a catalogués comme appartenant alors à l'académie de Pétersbourg, sont au nombre de 186, rangés sous onze divisions. Le titre de chacun est accompagné de notices assez étendues. Tout le manuscrit est de la plus grande netteté.

X. *Encyclopédies.*

265. Loui chou San thsaï thou hoeï; Collection de tout ce qui se rapporte aux trois agens principaux (le Ciel, la Terre et l'Homme), accompagnée de planches et d'explications. 14 vol. in-4, dem.-rel., m. j.. fig.

C'est l'original de la célèbre encyclopédie japonaise, dont M. Rémusat a donné une analyse détaillée (t. XI des *Notices des Mss.*). Parmi les livres chinois qui sont venus en Europe, il n'en est pas de plus utile ni de plus important que ce magnifique ouvrage, où l'on trouve, classées méthodiquement, des notions sur tout ce qui, aux yeux des Chinois, peut être un objet d'étude dans l'univers, et qui offre le tableau le plus fidèle et le plus complet, non seulement des lumières et du génie, mais des mœurs et des habitudes de la nation chinoise. Khiu yu foung, qui est le principal auteur de cette encyclopédie, l'a divisée en 14 sections, formant 116 livres; tous les articles qu'ils renferment, au nombre d'environ 6,000, sont presque invariablement composés d'une planche et d'un texte explicatif. Cette édition a été donnée par Wang youan han, de Yun kian, en 1609; elle est supérieurement exécutée, et, ce qui est rare, imprimée sur papier très blanc.

266. Wa Kan San saï to kouwaï; Collection de tout ce qui se rapporte aux trois agens principaux, etc. Cahier in-4.

Partie détachée de la grande encyclopédie japonaise, comprenant les pages 33 à 52 du XVe livre. Elle contient : 1° les quatre accents, accompagnés de règles et d'exemples pour la prononciation chinoise et japonaise; 2° la manière dont l'*Iro fa* (l'alphabet) a été formé au moyen de caractères chinois; 3° l'histoire de l'introduction de l'écriture sous ses deux formes, *Katakana* et *Firokana*; 4° peinture; 5° numération; 6° poids et mesures; 7° arts libéraux. M. Rémusat, dans l'analyse si complète qu'il a donnée de l'encyclopédie japonaise, ne fait aucune mention de cette partie, qui manquait peut-être à l'exemplaire de la Bibliothèque Royale à l'époque où il a rédigé son travail.

267. Iu tchi Youan kian louï han; Encyclopédie méthodique tirée du Miroir des sources de l'empereur. 32 vol. in-8, dem.-rel.

Ce grand et précieux ouvrage, qui contient, en 450 livres, un tableau complet de toutes les sciences cultivées par les Chinois, depuis l'astronomie jusqu'à l'histoire naturelle des poissons et des insectes, fut publié par une réunion des plus savans lettrés de l'empire, d'après les ordres de l'empereur Khang hi, la 49e année de son règne (1710). Les mots *Youan kian* (miroir des sources, littéralement, miroir *profond*), sont le nom allégorique que ce prince avait donné à sa bibliothèque, conformément à l'usage des lettrés, et qu'il mettait sur le frontispice des livres qui y avaient été composés.

265 379 a Dondus Dugré

266 79 a Noyer

267 310 a Dondus Dugré

268	729	ℓo	moore
269	235	"	Moore
270	140	"	Moore
271	180	"	"

268. WEN HIAN THOUNG KHAO; Examen général des écrits et des sages. 100 parties reliées en 20 vol. in-4, dem.-rel., m. bl.

Cette vaste encyclopédie, le plus important recueil de la littérature chinoise, est connue par des notices détaillées de MM. Rémusat et Klaproth, et les renseignemens de tout genre que les savans y ont puisés à toutes les époques, sont bien propres à en faire apprécier la valeur. M. Rémusat, dans la notice qu'il a consacrée à Ma touan lin, l'auteur de cet ouvrage, s'exprime ainsi : « On ne peut se lasser d'admirer l'immensité des re- « cherches qu'il a fallu à l'auteur pour recueillir tous ces matériaux, la « sagacité qu'il a mise à les classer, la clarté et la précision avec lesquelles « il a su présenter cette multitude d'objets dans tout leur jour. On peut « dire que cet excellent ouvrage vaut à lui seul une bibliothèque, et que « quand la littérature chinoise n'en offrirait pas d'autre, il vaudrait la peine « qu'on apprît le Chinois pour le lire. On n'a qu'à choisir le sujet qu'on « veut étudier; tous les faits sont rapportés et classés, toutes les sources « indiquées, toutes les autorités citées et discutées. Ce sont autant de dis- « sertations toutes faites qu'il suffit de faire passer dans nos langues euro- « péennes, et avec lesquelles on peut s'épargner bien des recherches, et se « donner, si l'on veut, un grand air d'érudition. « Cet ouvrage, qui ne comprend pas moins de 348 livres, fût achevé la 6e année yan yeou (1319) et imprimé pour la première fois en 1322. On en a fait depuis plusieurs éditions; celle-ci est de la 12e année Khian loung (1747).

269. WA SETS YOOU SIFOU SITS KAÏ TA SEN; Grand manuel encyclopédique japonais, revu et corrigé. 1 vol. très gros in-4, cart. à la japonaise. *Lajar.*

Edition publiée la 9e année Boun seï (1826). Chaque article est accompagné d'une figure représentant l'objet expliqué ou décrit. L'ouvrage, indépendamment de l'intérêt qu'il présente par l'importance de son contenu, est en outre fort curieux par la manière dont il est exécuté.

270. WA KAN SETS YOOU MOU SO FOUKOURO; Sac sans pareil du manuel japonais-chinois. In-4, v. dent., fig.

Ce beau volume est une encyclopédie assez détaillée à l'usage des Japonais et des Chinois; elle est ornée d'un grand nombre de figures qui sont accompagnées d'une explication manuscrite en hollandais. L'édition est de l'année 1819.

271. KIN MOU TSOU I; Encyclopédie élémentaire expliquée avec des figures. 8 part. en 1 vol. in-4, v. f., fil.

Taou saï est l'auteur de cette petite encyclopédie qui parut, d'abord, la 6e année Kouan boun (1666), et en second lieu, la 8e année Gen rok (1695), avec des augmentations considérables, C'est cette édition que possédait M. Klaproth. Elle est divisée en 21 livres, au lieu de 20 qu'avait la première, et elle contient 3,000 articles expliqués et accompagnés de la synonymie des termes japonais et chinois. C'est un excellent vocabulaire où tous les mots indispensables à connaître sont classés méthodiquement et rapprochés de figures qui aident à l'intelligence des définitions.

XI. *Mélanges.*

272. Sin tseng yeou hio kou sse kioung lin; Précieux recueil des traditions de l'antiquité à l'usage des étudians, nouvellement augmenté. In-4, dem.-rel., cuir de Russie, figures.

Encyclopédie historique dans laquelle on a réuni, en 4 livres, des notices sur les connaissances, les usages et les mœurs des anciens Chinois, en prenant pour texte, dans les principaux ouvrages, les passages qui en font mention et qui deviennent l'objet d'un commentaire plus ou moins développé. L'auteur est Tching yun ching de Si tchang. Cette édition fut publiée la 6e année Kia king (1801).

273. Yeou hio sieou tchy; Connaissances nécessaires à l'instruction de la jeunesse In-8, dem.-rel., cuir de Russie.

Règles de conduite pour les différentes conditions de la vie, publiées l'année ki yeou de Khang hi (1669).

274. Tcheou chy pao yao thsiouan chou; Traité complet de ce qu'il y a de plus nécessaire dans les usages de la politesse. 4 parties en 1 vol. in-8, dem.-rel., cuir de Russie.

Divisé en 7 livres. Les trois premiers contiennent des modèles de lettres, les quatre autres, des modèles de complimens réciproques, d'invitations et de billets de visite; le tout à l'usage de ce que les Chinois appellent les quatre classes de vulgaire, qui sont : les étudians, les laboureurs, les artisans et les marchands. Ce volume est de la 59e année de Khian loung (1794); il a été publié par Wang yeou heng de Tchang tcheou.

275. Tseng ting Chy sse Youan loung thoung khao tsa tseu; Recueil des termes nécessaires pour la connaissance des affaires du siècle. 4 livres en 1 cahier in-8.

Les termes sont expliqués suivant l'ordre des matières auxquels ils appartiennent, de manière à former une sorte d'encyclopédie lexicographique de toutes les expressions composées employées dans l'usage commun. M. Klaproth a traduit en allemand, sur la couverture, les titres des 70 chapitres que l'ouvrage contient.

276. Nang tchoung kin sin; Sentences chinoises. 2 cahiers in-8, renfermés dans un double étui, dem.-rel., m. r.

Charmante édition japonaise, publiée la 11e année Wen hoa (1811).

Sentences et morceaux extraits de différens auteurs chinois avec leur explication en mandchou. *Manuscrit.* (*Recueil* D.)

277. Man han ming hian tsi; Recueil de pensées des sages

272	50	"	Moore
273	16 50		id
274	36	"	Noyce
275	12	"	Moore
276	30	"	id
277	22	"	Dandy dupré

278	10	"	moore
279	15	"	moore
280	37	50	Dupont
281	60	"	id

célèbres, en mandchou et en chinois. = MANDCHOU NIKAN KHERGEN KAMTCHIME ARAKHA MING KHIYAN TCHI; Recueil de sentences d'hommes célèbres, en mandchou et en chinois. Deux cahiers réunis, in-8.

Cette collection de proverbes et de maximes forme des exercices littéraires gradués en phrases de quatre à sept mots. M. Klaproth n'a publié que 174 maximes du second recueil qui en contient 348.

† 'AN LO MING; Inscriptions joyeuses, publiées par Sou lao, de Meï chan. In-8, dem.-rel., m. v. (*Recueil* E.)

Sortes de sentences ou devises dans le genre de celles que les Chinois tracent sur de longues bandes de papier qu'ils suspendent dans leurs appartemens et qui sont connues sous le nom de *Toui tseu*. Ces mots, inscriptions joyeuses, ne doivent pas s'entendre dans un sens défavorable; l'épithète signifie ici, non pas proprement la joie, mais ce qui est relatif à la paix, au bonheur qu'on goûte sous un bon prince.

278. TOUNG SI YANG KAO MEÏ YOUEÏ TOUNG KI TCHOUAN; Récits historiques mensuels relatifs à l'Asie et à l'Europe. 2 part. in-8.

Premiers cahiers d'un recueil rédigé en chinois, par les membres du collége anglo-chinois de Malacca, et publiés l'année koueï sse de Tao kouang (1833). L'un des cahiers contient une belle carte des deux mers, nommées par les Chinois dont elles baignent les côtes, mer du Midi et mer Orientale.

279. TCHA CHI SOU MEÏ YOUEÏ TOUNG KI TCHOUAN; Récits mensuels pour faire connaître le monde. 24 cahiers in-8 et in-12.

Ce recueil a été publié par M. Milne, à Malacca, de 1820 à 1822. Il contient non seulement des détails sur les progrès de la mission anglaise à la Chine, mais encore quelques faits de l'histoire politique ou littéraire, dignes de fixer l'attention des savans.

280. SINICA.

Carton contenant différentes pièces chinoises, dont plusieurs catalogues de livres, des avis, des instructions politiques et autres, parmi lesquelles on remarque un ordre donné par l'empereur de s'enquérir du sort des PP. Barros, Beauvolier, Provana et Ray. de Arxo. Cette pièce intéressante, en mandchou, en chinois et en latin, est datée de 1716, et imprimée en rouge. Elle se termine par les signatures en *fac-simile* des principaux missionnaires de Péking.—Leçon publique donnée par l'empereur Kia khing sur la première phrase du *Thaï hio*. Morceau très-curieux, débité dans une de ces conférences nommées *King yan*, tenues par l'empereur en personne et où sont convoqués les plus habiles lettrés et tous les grands dignitaires de l'empire.

281. JAPONICA; Syllabaires, vocabulaires, textes et fragmens japonais. Dans un étui, dem.-rel., m. r.

XII. *Recueils.*

282. *Recueil* A. In-4, dem.-rel., m. v., contenant :

1° Lun iu; Discours de Confucius. *Voy.* † 15.
2° Thaï chang ni, etc.; Livre des Récompenses et des Peines. *Voy.* † 32.

283. *Recueil* B. Pet. in-fol.. dem.-rel., m. v., contenant :

1° Chin ming wei tchou; L'Esprit est le souverain maître. *Voy.* † 26.
2° Thian tsun iu.....; Livre du Gond de Jade. *Voy.* † 37.
3° Hiang yo.....; Livre qu'on explique au peuple. *Voy.* † 60.
4° Traité de Pyrotechnie. *Voy.* † 161.
5° Terghi khese; Paroles d'en haut. *Voy.* † 61.

284. *Recueil* C. In-4, dem.-rel., m. v., contenant :

1° Tchou 'o mou.....; Qu'il faut pratiquer toutes les vertus. *Voy.* † 32.
2° Dzi toung di.....; Livre de la Récompense des bienfaits secrets.;
Yu koung tchoun.....; Visite de l'Esprit du foyer à Yu koung;
Kouwan cheng di.....; Qu'il faut s'abstenir de rechercher l'éclat;
Pour ces trois opuscules, *Voy.* †† 32.
3° Liste des livres chinois du P. Fouquet. *Voy.* † 263.

285. *Recueil* D. In-4, dem.-rel., m. v., contenant :

1° Thai Thsing, etc.; Almanach impérial pour l'année 1646. *Voy.* † 66.
2° Ta kouan Pen thsao; Histoire naturelle des années *Ta kouan*. *Voy.* † 144.
3° Sentences en chinois et en mandchou. *Voy.* † 276.
4° Youan yen tching khao; Examen des sons de la langue mandchoue. *Voy.* † 204.
5° Tcha chou.....; Dernières volontés de l'empereur Young tching. *Voy.* †† 61.
6° Geren endouringe......; Livre des précieux enseignemens. *Voy.* † 24.
7° Etjige tatchiko; Livre de la Droiture. *Voy.* † 16.

286. *Recueil* E. In-8, dem.-rel., m. v., contenant :

1° 'An lo ming; Inscriptions joyeuses. *Voy.* † 277.
2° Tcheou koung kiaï.....; Livre des rêves expliqués par Tcheou koung. *Voy.* † 153.
3° Tchun; Le Printemps, recueil de distiques. *Voy.* † 235.
4° Ta thsiouan toung chou; Calendrier astrologique pour 1806. *Voy.* † 152.
5° Tsao fou thsiouan chou; Traité pour obtenir le bonheur. *Voy.* †† 153.
6° Sin thsian tchoung.....; Commentaire sur le livre des mille mots *Voy.* † 21.

282	30	"	nuove
283	220	"	do
284	70	"	do
285	92	"	[illegible]
286	70	"	nuove

287	120	"	moore
288	115	"	do
289	100	"	do
290			

287. *Recueil* F. In-fol., dem.-rel., contenant : en hollandais

1° Description des cérémonies funèbres des japonais. *Voy.* † 73.
2° Notice sur la poudre Dosia, et sur son inventeur Kobo Daïsi.
3° Yeso ki; Description de Yeso. *Voy.* †† 121.
4° De l'acupuncture et du moxa, avec 20 planches lavées à l'encre de chine.

288. *Recueil* G. In-fol., dem.-rel., contenant :

1° Description of sticking with the Needle, etc. *Voy.* † 145. en holl.
2° Journal d'observations de M. Titsingh. *Voy.* † 121.
3° Traduction en hollandais du *San kokf tsou ran.* (*Voy.* sur cet ouvrage le n° 118.)
4° Notice des charges et emplois des principaux fonctionnaires du Japon.

289. *Recueil* H. In-8, dem.-rel., m. v., contenant :

1° Tsao toung 'an.....; Collection de cachets. *Voy.* † 256.
2° Sin tsian tchin....; Vers en caractères *thsao*, *tchhouan* et *li*. *Voy.* † 229.
3° King hio kao.....; Notices historiques des *Kings*. *Voy.* † 262,
4° Ji ki kou sse; Souvenirs journaliers d'anciennes histoires. *Voy.* †† 21.

— —

290. Geographia Mandgjurica et Mungalica, cum gradibus longitudinis et latitudinis ex mappis sinicis à me fidelissimè descripta; adjectâ pronunciatione. Primus meridianus per Pequinum ductus, indè Orientem et Occidentem versus ceteri meridiani numerantur. T. S. Bayer. Gr. in-4, dem.-rel., mar. vert.

Manuscrit original et inédit, avec des corrections et additions de la main de M. Klaproth. Il contient l'indication de 3,260 localités, tant de la Mongolie, que du pays des Mandchous. Il faut ajouter ce précieux travail à la liste des ouvrages de Bayer dont Sharpe a donné une notice détaillée dans son appendice au *Syntagma dissertationum* de Hyde.

Ce volume a été indiqué d'une manière inexacte, dans la 1re partie du présent catalogue, sous le n° 972.

FRAGMENS D'OUVRAGES LAISSÉS INACHEVÉS PAR M. KLAPROTH; NOTES ET PAPIERS DIVERS.

291. MITHRIDATES.

On sait que M. Klaproth s'était occupé de la publication d'un nouveau *Mithridates* qui, outre un aperçu grammatical et un texte analysé de chaque langue, devait offrir un vocabulaire comparatif des idiômes des cinq parties du monde, et le tableau du système graphique en usage chez tous les peuples. Une partie des materiaux de ce grand travail étaient déjà sous la main qui devait les mettre en œuvre; nous les avons rassemblés avec soin; ils offriront aux personnes qui s'occupent de l'étude comparative des langues et qui voudraient entreprendre de refaire, sur un plan meilleur et plus vaste, l'ouvrage de Pallas et celui d'Adelung, des facilités que M. Klaproth n'avait acquises qu'au prix d'études infatigables, ou qu'il avait obtenues d'un appel fait aux savants de toutes les nations. Ces pièces, distribuées en 15 dossiers, sont en trop grand nombre pour pouvoir être détaillées; nous nous bornerons à indiquer quelques unes des principales.

I. *Généralités et Plan; Fragments et notes diverses;* dont : des notices grammaticales de plus de 60 langues, idiômes ou dialectes; II. *Hébreu, Samaritain, langues sémitiques;* dont : Précis sur la langue maltaise; vocabulaire comparatif maltais, hébreu, arabe; III. *Langues caucasiennes;* dont : vocabulaires arménien, géorgien, mingrélien, etc. ; IV. *Langues turques;* dont : vocab. kurde, nogaï, karabagh, de Choundir et des Kadschares, d'Iakoutsk, de Crimée, etc. ; V. *Langues ouraliennes;* dont : vocabulaire ostiaque, par Albert; de Perm, par Ponow; Vogoul, par Tchevkalow; Sousdalien; mémoire sur la langue hongroise, par de Gruber; vocab. comparatif de 13 dialectes samojèdes; VI. *Langues tartares;* dont : notice sur la langue mandchoue; vocab. mandchou et mongol; VII. *Chine, Anamite, Cochinchine;* dont : aperçus et notices sur la langue chinoise; vocab. comparatif des différents dialectes chinois; vocab. comp. chinois et cochinchinois; VIII. *Corée, Formose, Japon;* IX. *Tibétain;* X. *Inde*; dont : vocabulaire comp. Zend et Pehlvi; autre de dix dialectes; vocab. Desatir, Kanara, de Bhâgalpour, Singhalais, Telogoo, etc. ; XI. *Philippines, Malais, Polynésie;* XII. *Kouriles et Kamtchatka;* dont : vocab. Sakhalin, par Davidow; Tchouktchis; vocab. comp. des dialectes du Kamtchatka; XIII. *Afrique;* dont : vocab. comp. de 20 dialectes; autre de 60 dialectes; autre des langues du nord-est de l'Afrique : Berber, Guanche, du Bornou; XIV. *Amérique;* XV. *Europe.*

292. MARCO POLO.

La nouvelle édition de Marco Polo que M. Klaproth était sur le point de publier, devait se composer du texte de Ramusio revu et complété, et de notes explicatives. Il avait, pour ce travail, consulté, conféré, extrait, traduit même tous les textes chinois, tartares et persans qui pouvaient l'éclairer sur la marche du voyageur vénitien, sur les pays qu'il décrit et les faits qu'il rapporte. En rapprochant ses récits des indications géographi-

291 61 a Martin

292 2000 a Duprat

293 100 " Dumley Dupré

phiques rassemblées à l'époque où les Mongols étaient maîtres de la Chine, M. Klaproth était parvenu à retrouver dans ces dernières, et sous les mêmes noms, tous les lieux dont Marc Pol avait parlé, et à expliquer ainsi, avec facilité, les points qui avaient le plus embarrassé les précédens commentateurs, à dissiper l'obscurité des uns, à résoudre les difficultés de certains autres, à lever tous les doutes.

Cette liasse contient des passages extraits ou traduits des géographes et historiens orientaux ; des collations de textes ; quelques unes des notes du nouveau commentaire, et, ce qui est plus précieux, les 116 premiers chapitres du texte de Ramusio, c'est-à-dire plus de la moitié de l'ouvrage, revus, corrigés et annotés, tels enfin que M. Klaproth les avait préparés pour l'impression. En réunissant ces matériaux aux annotations manuscrites qu'il a jointes aux éditions de Marc Pol indiquées dans la première partie de notre catalogue sous les n°s 1006 et 1011, tout porte à croire qu'il serait possible de reprendre et d'achever une entreprise aussi utile que celle dont M. Klaproth avait formé le dessein.

293. Notes, fragments et matériaux relatifs, principalement, à la géographie et à l'ethnographie de la haute et moyenne Asie ; sept dossiers contenant :

I. *Itinéraires et routiers;* la plupart traduits des originaux chinois, par M. Klaproth ; *Voyages;* II. *Cartes manuscrites et nomenclatures géographiques;* On y remarque le plan d'un atlas historique de la Chine en 24 f[lles] ; une nomenclature en Mandchou de la Corée, du Tibet et des pays composant l'Asie supérieure et moyenne ; III. *Histoire et philologie chinoises:* dont : une copie ms. de la grammaire du P. Varo où M. Klaproth avait commencé à ajouter les caractères chinois aux transcriptions européennes données seulement par le missionnaire ; IV. *Tartarie et Tibet;* dont : Mémoire sur les moyens d'améliorer l'administration des nomades tributaires; Voyage dans la vallée de Baspâ ; V. *Japon;* Pièces pour la plupart en Hollandais et provenant de M. Titsingh ; VI. *Bouddaisme;* VII. *Mélanges;* dont : Un vol. pet. in-fol. de notes et d'extraits sur divers sujets et en différentes langues, par M. Klaproth ; Des lettres et des mémoires de missionnaires ; Un mémoire de M. Klaproth sur la cause de la guerre entre la Russie et la Perse ; Des dessins de monnaies et d'inscriptions ; Fac-simile en 8 feuilles d'une inscription sibérienne, etc., etc.

FIN DE LA 2me PARTIE.

TABLE DES DIVISIONS.

LIVRES CLASSIQUES. I. Livres canoniques (KINGS). pag. 1
II. Livres moraux (SSE CHOU) 4
III. Livres classiques élémentaires 5
PHILOSOPHIE.—RELIGIONS. I. Traités généraux. 7
II. Secte du TAO 9
III. Bouddhisme 12
IV. Musulmanisme.—Christianisme 15
JURISPRUDENCE.—POLITIQUE.—ADMINISTRATION 16
HISTOIRE. I. Peuple chinois 20
II. Nations tartares 25
III. Japon. — Peuples étrangers 27
GÉOGRAPHIE. I. Chine et Tartarie 28
II. Japon et peuples étrangers 31
III. Cartes et plans 34
SCIENCES ET ARTS. I. Sciences naturelles 37
II. Sciences mathématiques 39
III. Arts 41
LITTÉRATURE. I. Introduction.— Traités généraux et élémentaires 43
II. Dictionnaires tout Chinois 44
III. Ouvrages grammaticaux et dictionnaires chinois-européens 49
IV. Dialectes de la Tartarie et de l'Inde 51
V. Langue japonaise 55
VI. Poésie 57
VII. Romans et pièces de théâtre 59
VIII. Paléographie.—Antiquités. —Numismatique 62
IX. Histoire littéraire. — Philologie.— Bibliographie 64
X. Encyclopédies 66
XI. Mélanges 68
XII. Recueils 70
FRAGMENS D'OUVRAGES DE M. KLAPROTH; NOTES ET PAPIERS DIVERS 72

LISTE ALPHABÉTIQUE DES OUVRAGES.

A.

Aïsin gouroun-i soudouri, nº 92.
Ampasaï moutchilen be..., 59.
Art militaire; Recueil de mémoires, 161.
Arte de la lengua cHio cHiu, 200.
Atchaboume karoulara bitkhe, 31 †, 32.

B.

Boutoi saïn de karoulame.... 32 ††.
Bouts siyaou dsou i, 39.

C.

Cartes et plans japonais, 142.
Chan haï king, 25.
Chengdsou i Booï Tatchighiyen, 61.
Cheou chen thsiouan thou, 131.
Chi king, 7, 8.
Chi tiao kio pen..., 247.
Chi yun han yng, 229.
Chin chi chou i pen..., 50.
Chin ming wei tchou, 26 †.
Chin youan chy lio, 114.
Ching kiao chin pin lun, 52.
Ching kiao sing tching, 54.
Ching king fou, 231.
Chou king, 5, 6.
Choue wen kiaï tseu, 168.
Choui hou tchouan, 238.

D.

Daï Liao-i bitkhe, 91.
Daï Youwan-i bitkhe, 93.
Daïtching gouroun-i abkai..., 67.
Dasan-i nomoun, 6.
Dictionnaires : chinois-mandchou, 210. — Chinois-russe, 198. — Kalmouk-allemand, 217.—Mandchou-russe, 210. — Mongol-mandchou, 214.—Russe-mandchou, 210.
Djalan djalan-i khafou boulekou, 83.

E.

Endouringge Evanggelioum..., 51.
Endouringge Tatchighiyen..., 60.
Etjige tatchiko, 16 †.
Eul thou meï tchouan, 246.
Eul ya, 167.

F.

Fa iu hiu tseu, 166.
Fan y louï pian, 212.
Fang chi me pou, 256.
Fang sing thou kiaï, 148.
Faya biki sets yoou sifou, 227.
Fen yun tso yao, 181.
Fi siou tsiyaou ki to, 141.
Fo choue O mito king, 40.
Fokf' saï ben k'wa, 156. 157.

G.

Geren endouringge di giyoun-i tchalan..., 24 †.
Giyo Yedo kouwai to, 137, 138.
Giyokf fen daï sen, 222.
Giyokf fen daï ziyaou, 224.

H.

Haï pien tchi yn, 175.
Han tseu si ye, 193, 194, 195, 196.
Hang tcheou fou ko ching, 115.
Hao kieou tchouan, 240, 241.
Hiang yo thsiouan chou, 60 †.
Hiao king, 16.
Hiouan kin Tseu' wei, 178.

Hoa chou sin ching, 37.
Hoa thou youan, 242.
Hoa tsien, 234, 235.
Hoaï nan houng lie kiaï, 35.
Hoang tchao wou koung ky ching, 89.
Hoang Thsing tchi koung thou, 105.
Houng kian lou, 84, 85.
Houng leou meng, 245.

I.

Ifetoleme atchaboukha..., 32 ††.
Inscription de Yu, 257.
Irgeboun i nomoun, 8.
Iu kiao li, 237.
Iu pian, 170.

J.

Japonica, 281.
Ji ki kou sse, 21 ††.

K.

Kalkaï doulimbi tchougoun kousa, 94.
Kan wa yin riyaou, 225.
Kan yono maki, 103.
Kao tchang kouan laï wen, 58.
Khang hi tseu tian, 188, 189.
Khieou hoang pen thsao, 145.
Kia king... chy hian chou, 151.
Kia tseu hoeï ki, 74.
Kiaï mong thsiouan chou, 153 †.
Kiao lieou pa tseung lun, 106.
Kien kia kie keou tse yao... fa, 158.
Kin kang Pan jo po lo mi king, 42.
Kin mou tsou i, 271.
Kin ping meï, 243, 244.
Kin tchi yo, 155.
King hio kao, 262 †.
Kiou siou kiou ki to, 143.
Kiun chou pi kao, 262.
Kiun siao tao koueï, 248.
Ko sen ka fou, 259.
Koou faou kagami, 258.
Kou kin youan ke ty thou, 127.
Kouang haï kouan chouï tse, 64.
Kouang iu ki, 111.
Koue li tchi, 90.
Kouen Iu thou, 147.
Kwan seï koou faou kagami, 258.

L.

Lao seng eul, 250.
Li hio kao, 262 †.
Li ki, 10.
Li sse kang kian pou, 81.
Li taï ki sse, 80.
Li tchao tsy lou, 82.
Liao-i bitkhe, 91.
Lou chou chy y, 190.
Lou chou fou, 177.
Lou chou kou, 162.
Lou chou pen y, 171.
Lou chou tching 'o, 169.
Lou chou tsing wen, 172.
Lou king thou, 1.
Loung weï pi chou, 261.
Lun iu, 15 †.

M.

Mandchou gisoun-i Boulekou, 206, 207.
Mandchou gisoun-i oyoungo tchouriu, 213.
Mandchou isaboukha bitkhe, 208.
Mandchou nikan khergen kamtchime ... 277.
Man han ming hian tsi, 277.
Man han si fan tsi yao, 38.
Man han touï yn tseu chy, 204.
Mien tien y yu, 219.
Miyako daï kouwaï to, 139.
Mongolensia, 96.
Moukden, ging khetchen i tchergi..., 116.
Moukden-i foutchouroun, 232.

N.

Nan hoa tchin king, 34.
Nan tchoung kin sin, 276.
Neï fou iu ty thou, 128, 130.
Nipon o Daï itsi ran, 101, 102.
Nipon yo tsi..., 133, 134, 135.

O.

O mi to king, 40.
Osaka si siyaou to, 140.
Ou tchhe yun souï, 176.

P.

Pan jo po lo mi to sin king, 41, 42.
Pei wen yun fou, 164, 165.
Pen thsao kang mou, 144.
Phin tseu tsian, 184, 199.
Pi chou chan tchouang chi, 233.
Po kou thou, 254.
Pyrotechnie chinoise, 161 †.

R.

Rio tou tsiou kouwaï fou to kan, 119.

S.

San kouf tsou ran to sets, 118.
San koue tchi, 236.
San thsaï thou hoeï, 265, 266.
San tseu king, 17, 18, 19, 20.
Sentences en chinois et en mandchou, 276 †.
Seou chin ki, 26.
Setsi I ro fa te fou, 220.
Siao Eul ya, 167.
Siao hio, 16.
Siao Thang tsi kou lo, 255.
Si fang koung khiu, 44.
Si jou eul mou tseu, 192.
Si siang ki, 239.
Si yeou tchin thsiouan, 124.
Si yu toung wen tchi, 122.
Si yu wen kian lou, 125, 126.
Sin daï-no maki, 103.
Sin tchou tchoung teou, 146.
Sin tsian tchin thsao..., 229 †.
Sing li ty tchou..., 22, 23, 24.
Sinica, 280.
Soung pen Iu pian, 170.
Sse chou tching wen, 12.
Sse chou tsi tchou, 13.
Sse chou tsun tchou ho kiang, 11.
Sse hio kao, 262 †.
Sse ki, 77.
Sse kou thsiouan chou, 263.
Sse ta y chou ti y tchoung, 236.
Sse tching hoeï y, 87.

T.

Ta hing hoang ti hoeï tchao, 62.
Ta kin tchouan ti ly thou hing, 133.
Ta kouan Pen thsao, 144 †.
Ta thsiouan toung chou, 153.
Taïtsing olon-oun tegri djin..., 68.
Tao kouang... chy hian chou, 152.
Tao Te king, 27, 28, 29, 30, 31.
Tcha chi sou meï youeï..., 279.
Tcha chou, 61 ††.
Tchang tchi king ho piao chy, 63.
Tchao chi kou eul, 249.
Tcheou chy pao yao chou, 274.
Tcheou Y thsiouan chou, 2, 4.
Tchhouan Tseu 'weï, 182.
Tchhouan li sin hoa, 253.
Tchi li ko seng iu ti thou, 129.
Tchi kou wei wen, 173.
Tchi tao nan pe liang.,. thou, 147.
Tchin kieou ki pi tchao, 145 †.
Tching kiao tchin thsiouan, 48.
Tching tseu toung, 180, 185.
Tching yun toung, 163.
Tchooukhaï baita be ghisourenghe, 160.
Tchou 'o mou tso tchoung..., 32 †.
Tchou tseu thsieou chou, 23.
Tchouang tseu y, 33.
Tchoung king, 16 †.
Tchoung young, 15.
Tchouwan emou khatchin-i bitkhe, 57.
Tchun, 235 †.
Tchun thsieou, 9.
Ten miô bou kan, 69.
Terghi khese, 61 †.
Thaï hio, 14.
Thaï Ming Y toung tchi, 107.
Thaï Tang sy king tsiun fou..., 46.
Thaï Thsing Y toung tchi, 108, 109, 110.
Thaï Thsing liu li..., 56.
Thaï Thsing tsin chin, 66.
Thian chin hoeï kho..., 53.
Thian hia chouï lo lou tching, 112, 113.
Thian tchu ching siang..., 54.
Thian tsun iu tchou pao king, 37 †.
Thoung kian kang mou, 78, 79.
Thsao Tseu 'weï, 183.
Thsian cheou yan Ta peï sin... 45.
Thsian tseu wen, 17, 21, 21 †.
Thsing wen khi meng, 201, 202.
Thsing wen pou loui, 211.
Thsing wen tien yao, 205.
Thsou tseu, 230.
Ti pa thsaï tseu chou, 234, 235.
Toumen tchakaï ounengi segiyen, 55.
Toung hoa lou, 88.
Toung si yang kao meï youeï..., 278.
Toung wen yun toung, 218.
Tsao fou chou, 153 ††.
Tsao toung 'an thou..., 256 †.
Tseng ting Chy sse Youan loung, 275.
Tseu hio tsin leang, 252.
Tseu 'weï, 178, 179, 180, 181, 182, 183.
Tseu 'weï pou, 179.
Tsi yao, 38.
Tsing tchin sse ky, 47.

Tsou chou ki nian, 76.
Tsou tchao koung sou, 251.

V.

Vocabulaire japonais-chinois, 229.
Vocab. de lengua sangleya, 200.

W.

Wa kan sets yoou mou, 270.
Wa kan ti oo nen fioo, 98, 99.
Wa sets yoou si fou, 269.
Wa zi si, 104.
Wan nian ly, 75.
Wan we tchin youan, 54, 55.
Weï thsang thou chy, 123.
Wen chy king, 36.
Wen hian thoung khao, 268.
Wen ty kao, 262 †.
Wou pi thsouan yao thsian tsi, 159.

Y.

Y king, 2, 3, 4.
Y toung tchi, 107, 108, 109, 110.
Y wen py lan, 187.
Y wen thoung lan, 186.
Yamato foumi, 103.
Ye ki ken, 227.
Ye sou Ki li sse tou 'o..., 49.
Yedo daï kouwai to, 136, 137, 138, 142.
Yeou hio chy, 17.
Yeou hio kou sse kioung lin, 272.
Yeou hio sieou tchy, 273.
Yeso ki, 121 ††.
Yin yun tseu haï, 174.
Youan kian louï han, 267.
Youan kio king, 43.
Youan sse louï pian, 85.
Youan thian thou choue, 149.
Youan yen tching khao, 204 †.
Toueï chi thou, 150.
Youwan-i bitkhe, 93.
Yu koung tchoun i endouri..., 32 ††.
Yun fou chi y, 165.

Z.

Zi reï teou ran, 73.
Zi rin giyokf fen, 223.
Zi ten sets yoou sifou, 226.

LISTE DES AUTEURS.

A.

ALBERT, 291.
ALENI (*le P.*), 54, 55.
AMYOT (*le P.*), 203.
ARAÏ TZIKOUNGO-NO KAMI, 121 ††.

B.

BAYER, 290.
BITCHOURIN, 53.
BOUDDHA, 40, 41.
BRANCATI (*le P.*), 53.

C.

CHA MOU, 186, 187.
CHEOU PING, 201, 202.
CHI NAI 'AN, 238.
CHIN TSING TCHIN, 44.
CHUN TCHI, 59.
CHY CHOU TSANG, 183.
CONFUCIUS, 2 et s., 5, 7, 9, 15 †, 16.

D.

DAVIDOW, 291.
DEGUIGNES, 161.
DZI TOUNG, 32 ††.

F.

FAN TSEU TENG, 10.
FO TO TO LO, 43.
FOU JOU 'WEI, 252.
FOUQUET (*le P.*), 26 †, 28, 263 †.

G.

GAUBIL (*le P.*), 76, 121.
GLEMONA (*le P. Basile de*), 193, 194, 195, 196.
GRIMALDI (*le P.*), 148.
GROLLET (*le P.*), 166.
GRUBER (*de*), 291.

H.

HAN LIN, 54.
HEOU HING SSE, 17, 21, 21 †.
HIAN HOUAN TE, 162.
HIUAN THSANG, 124.
HIU CHI, 168.
HOAI NAN TSEU, 35.
HOU KOUANG, 22.
HOUNG TCHEOU, 108, 109, 110.

I.

IU CHY LIU, 163.

J.

JEHRIG, 215.

K.

KAIBARA TOKZIN, 104.
KHANG HI, 60, 60 †, 61, 188, 189, 233.
KHIAN LOUNG, 206, 231, 232, 263.
KHIFE, 91, 92, 93.
KHIO YOUAN, 230.
KHIU YU FOUNG, 265, 266.
KIA KING, 62, 280.
KIEOU MA LO CHI, 41.
KIN CHING TAN, 124, 239.
KIN LOU SIANG, 78.
KIOUNG SSE KOUNG, 80.
KLAPROTH, 105, 110, 117, 122, 130, 195, 197, 203, 214, 216, 228, 257, 264, 291, 292, 293.
KOUEI PY, 3.
KOUO PO, 167.
KOUWAN CHENG, 32 ††.

L.

LAO TSEU, 27, 28, 29, 30, 31, 31 †, 32 et suiv.
LI CHI TCHIN, 144.
LI HIAN, 107.
LI JOU TCHIN, 173.
LI MING TCHE, 149.
LI YEN SSE, 208.
LIAO PE TSEU, 185.
LIEOU 'AN, 35.
LING I TOUNG, 176.
LIPOVTSOV, 51.
LO KOUAN TCHOUNG, 236.
LOU YING YANG, 111.

M.

MA CHAO YU, 123.
MA TOUAN LIN, 268.
MA YOUNG, 17.
MARCO POLO, 292.
MEI TAN SENG, 178, 179, 180, 181.
MENG TSEU, 11.
MILNE, 279.
MIN MING 'O, 148.
MORRISON, 49, 50.
MULLER (*Ger. Fréd.*), 95.

N.

NAN HOAI JIN, 147.

O.

OU TSEU, 160.
OU TCHANG YOUAN, 114.
OU Y TSEU, 124.
OYANGUREN (*le P.*), 221.
'O HEOU 'AN, 187.
'OU TCHI YI, 179.

P.

PALLAS, 97.
PARITSCHOW, 209.
PHING TOUNG HEOU, 77.
PONOW, 291.
PRÉMARE (*le P.*), 26 †, 190, 191.

R.

REN TEN TEI, 223.
RIN SI FÉE, 118, 288.
RIOU SEK YEN OU, 258.
ROCHA (*le P. de*), 54.

S.

SCHALL (*le P.*), 147.
SCHILLING, 14, 15, 18, 19, 58.
SIEI YNG KI, 74.
SIOUN ZAI RIN SIO, 101, 102.
SOU LAO, 277 †.
SOUN TSEU, 160.
SSE MA KOUANG, 78, 79.
SSE MA THSIAN, 77.
STAUNTON, 146.

T.

TAI CHY LIU, 163.
TAI TE, 10.
TAOU SAI, 271.
TCHABOUKHAI, 91, 92, 93.
TCHAMPA, 91, 92, 93.
TCHANG KING, 54.
TCHANG WAN HIAN, 22.
TCHAO KING PANG, 84.
TCHAO KOU TSEU, 171.
TCHAO YOUAN PING, 85, 86.
TCHENG CHI, 256.
TCHEOU KOUNG, 2, 153 †.
TCHEOU TSING YOUAN, 80.
TCHEVKALOW, 291.
TCHING TCHAI, 145.
TCHING YUN CHING, 272.
TCHIN HAO, 10.
TCHOU HI, 1, 5, 7, 11, 13, 15 †, 16, 22, 23, 24, 78, 79.
TCHOUANG TSEU, 33, 34, 237.
TCHOUNG EUL KOUNG, 185.
TCHOUNG TSEU LIE, 185.
THAI TCHOUNG YOUAN, 145 †.
THANG CHIN WEI, 144 †.
THSAI FANG PING, 111.
TITSINGH, 70, 71, 72, 73 †, 100, 102, 120, 121 †, 121 ††, 145 †, 229, 260.
TOU YU LIN, 9.
TOUNG WEI FOU, 182.
TRIGAULT (*le P.*), 192.
TSENG TSEU, 14, 16, 280.
TSEU SSE, 15.
TSIO DEN SIN SI GHIKF', 133, 134.
TSO KIEOU MING, 9.

V.

VARO (*le P.*), 293.
VATER (*J. S.*), 221.
VERBIEST (*le P.*), 150.

W.

WANG PE HEOU, 17, 18, 19, 20.
WANG TCHI TCHOU, 80.
WANG WEN KOUI, 91, 92, 93.
WANG YEOU HENG, 274.
WANG YOUAN HAN, 265.
WEN CHY, 36.
WEN KOU TSEU, 190.
'WEI HIAO, 172.
WEN WANG, 2.
WITSEN, 220.
WLADYKINE, 202.
WOU KI WEN, 181.

Y.

YANG CHI KIAO, 2.
YANG MA NAO, 149.
YOUAN LIAO FAN, 81, 262.
YOUAN YANG, 37 †.
YOUNG TCHING, 56, 60, 60 †, 61, 61 †, 61 ††, 207.
YU HIAN HI, 184, 199.
YU PAO, 26.
YU TE CHING, 184, 199.

FIN.

Acquisitions

5	Psaltes	17	
16	Biblia	5 50	"
33	Jesus Christ	4 50	Lomard
42	Mare issmida	3	M.
44	Mia Ospod'nau	3	"
45	Gospodau	2	"
46	Mian gospod ion	3	"
[illegible]	Novum Testam. georg.	11	"
52	Nov. test. georg.	6	"
53	N. Test. Armen	3	"
55	Nov Test. Æthiop.	4 05	"
56	Evangelia Amharic	3	"
61	The holy bible [illegible]	6 05	"
68	Ellika	3	"
6[illegible]	Nov. Test [illegible]	4	"
76	The gospels	5 25	"

100	Commendiza l. q.	4	25	M.
103	Catechisme	4	50	"
149	... Audimm	71	"	"
x 165	Observations & Leg.	4	.	Ursin Legentil
+170	Encycl. Item.	10	.	Eichtal
+172	Régime ...	26	50	d'Olbr.
177	... socbr. ...	2	50	M.
+210	Dictionnaire ...	23	.	Crmisson
+220	...	6	50	Lajarrelle
+226	...	5	"	Legentil
+243	...	5	.	M. (Lr
+248	Expositio systhum	14	.	Eichtal
+253	Notice sur le Zodiaque	6	.	Moralès
+266	...	10	50	Ursin
+278	...	10	50	M.
283	...			...
284	...			
+286	Lettre ... de Lin	4	50	Legentil

24 Scheller	23 .	d'Outr.
331 Glossaire	25 .	d°
340 Gramm. ital. [illegible]	[illegible]	[illegible]
341 Gram. [illegible]	24 .	d°
343 Dict. franc. [illegible]	13 50	d°
344 Nouv. Dict. [illegible] poche	3 10	[illegible]
352 [illegible]	[illegible]	[illegible]
366 Dict. [illegible]	4	[illegible]
381 [illegible]	3 [illegible]	
388 [illegible]	[illegible]	
392 [illegible]		
433 [illegible] polyglott.	[illegible]	[illegible]
434 [illegible]	[illegible]	[illegible]
440 [illegible]	3 [illegible]	[illegible]
[illegible]	[illegible]	[illegible]
[illegible]	[illegible]	
[illegible] Alphabet [illegible]	[illegible]	[illegible]
464 [illegible]	3 .	

	[illegible]	1	75	M
	[illegible]	8	40	do
x	[illegible]	3		[illegible]
x	[illegible]	6	"	"
	503 [illegible]	3		Legentil
	[illegible]	1	"	"
	[illegible]	1	50	M
	[illegible]	2	30	"
	[illegible]		30	do
x	[illegible]	1	50	Legentil
	[illegible]	6		M.
	[illegible]	18	"	"
x		15		[illegible]
	[illegible]	2	00	M.
	[illegible]	5		do
x	[illegible]	6		Morales
x	[illegible]	10	.	Legentil

54 [illegible]

61 [illegible]

65 [illegible]

96 [illegible] Dela lang de Med. 6 5[illegible]

04 Ign. Ros. [illegible] 14

08 Rudim. [illegible] opt [illegible] 6

10 [illegible] 1

30 [illegible]

01 [illegible] 8

[illegible]

66 [illegible] 3[illegible]

0[illegible] [illegible] 3[illegible]

7[illegible] [illegible]

8[illegible] [illegible]

92 [illegible] Bon[illegible]

00 [illegible]

01 [illegible]

No.	Article	Prix		Acquéreur
[illegible]	[illegible]	15		[illegible]eau
[illegible]	[illegible]	3	25	M
[illegible]	[illegible]	8		[illegible]
[illegible]	[illegible]	[illegible]		[illegible]
[illegible]	[illegible]	75		Legentil
[illegible]	[illegible]	40		id
[illegible]	[illegible]	14		M
[illegible]	[illegible] imp, ott.	28		Tomaré
[illegible]	[illegible]	6	50	Legentil
[illegible]	[illegible]	41		Tomaré
[illegible]	[illegible]	11		id
[illegible]46	[illegible]	7		id
963	[illegible]	15		id
[illegible]67	chala	3		id
969	[illegible]	17		id
970	[illegible]	1	60	M
[illegible]	[illegible]	7		[illegible]

977 Novy [illegible] 10 [illegible]

981 [illegible] 30

98[illegible] [illegible]

988 [illegible]

991 San Pell[illegible]

[illegible] [illegible] Melrose 35

[illegible]

[illegible] de [illegible]

[illegible]036 — au Caucase 13 [illegible]

[illegible]074 Historia [illegible]

[illegible] Voy [illegible]

[illegible]3 [illegible] en [illegible]

[illegible]

[illegible]6 [illegible]

[illegible]

[illegible] Ar [illegible] 3[illegible]

1110 [illegible] Ste Claire 36 [illegible]

×[illegible] [illegible] 2 [illegible]

+ 113 [illegible] 8 [illegible]

×111 [illegible] 4 [illegible]

×124 [illegible] 5 [illegible]

+ 123 [illegible] 4 [illegible]

+[illegible] [illegible] Bouche 30 [illegible]

[illegible] 6 [illegible]

+ [illegible] 9 3 [illegible]

[illegible] 8 3 Bonnard

×1[illegible] [illegible] 2 [illegible]

+110 [illegible] 30 Moralai

+ [illegible] 10 [illegible]

+ [illegible]

+ [illegible] 25 [illegible]

+ [illegible] Moralai

+ 23 [illegible]

1221 [illegible]

1225 [illegible]

1229 [illegible] 4

1231 [illegible]

1234 [illegible]

1235 [illegible]

1244 [illegible] 5

1256 Repas sur [illegible]

1261 [illegible]

[illegible] Monarch[illegible]

× [illegible]

× [illegible]

× [illegible]

× [illegible]

× [illegible]

× 31[illegible]

+ [illegible] [illegible] 2 [illegible] Spontini

+ [illegible] [illegible] 2 40 [illegible]

+ [illegible] [illegible] ch. 1 [illegible] Spontini

138[illegible] [illegible] 8 75 M.

+ 1402 [illegible] [illegible] Brinon

+ [illegible] [illegible] 3 [illegible]

+ [illegible] [illegible] 2 Spontini

[illegible] [illegible] 1 M.

[illegible] [illegible] 5 [illegible] "

[illegible] [illegible] 1 15 "

+ 1454 [illegible] me Stalut 3. Brinon

46[illegible] [illegible]kii 13. M.

+ [illegible] [illegible] 6 [illegible] Sommier

+ [illegible] [illegible] 4 50 "

[illegible] [illegible] [illegible] [illegible] M.

[illegible] [illegible] 36 "

[illegible] [illegible] "

1527 Bu[illegible] [illegible] 13 [illegible]

1553 R[illegible]

1562 [illegible]

1575 Hist. du [illegible]

608 [illegible] 31 [illegible]

612 [illegible] 5

614 [illegible]

627 [illegible] 36

6[illegible] [illegible]

643 [illegible]

645 [illegible]

63[illegible] [illegible]

6[illegible] [illegible]

7[illegible] [illegible]

7[illegible] [illegible]

7[illegible] [illegible]

7[illegible] [illegible]

+ [illegible]

+ [illegible]

+ [illegible] Lajarriat

[illegible] M.

[illegible]

+ 3 3 [illegible]

+ [illegible]

[illegible] 4. 50 [illegible]

+ [illegible]

[illegible]

[illegible]

[illegible]

[illegible]

[illegible]

30	[illegible]	18	[illegible]
56	[illegible]	[illegible]	[illegible]
[illegible]	[illegible]	[illegible]	[illegible]
[illegible]2	[illegible]	[illegible]	[illegible]
[illegible]07	[illegible]	5[illegible]	[illegible]
111	[illegible]	35	[illegible]
112	[illegible]	5	[illegible]
[illegible]	[illegible]	[illegible]	
[illegible]	[illegible]	[illegible]	[illegible]
[illegible]	[illegible]	1	[illegible]
[illegible]	[illegible]	[illegible]	
12[illegible]	[illegible]	[illegible]	
118	[illegible]	[illegible]	
[illegible]	[illegible]	[illegible]	[illegible]
13[illegible]	[illegible]		[illegible]
[illegible]	[illegible]	[illegible]	
[illegible]	[illegible]	13	[illegible]
[illegible]34	[illegible]		[illegible]

x [illegible]	[illegible]	[illegible]	[illegible]
x [illegible]	[illegible]	20 [illegible]	[illegible]
x [illegible]	[illegible]	20	[illegible]
x [illegible]	[illegible]	25	[illegible]
[illegible]	[illegible]	[illegible]	M.
[illegible]	[illegible] han	65	Duchesne
105	[illegible]	65	M
[illegible]	[illegible]	4[illegible]	[illegible]
[illegible]	[illegible]	80	[illegible]
2[illegible]	[illegible]	61	[illegible]

CATALOGUE
DES LIVRES
ET DES MANUSCRITS,

COMPOSANT LA BIBLIOTHÈQUE

DE FEU M. LE PROFESSEUR BERN. LORI.

AVIS.

Il y aura chaque jour de vente, d'une heure à trois heures exposition des livres qui devront être vendus le soir.

Les livres vendus devront être collationnés sur place dans les 24 heures de l'adjudication. Passé ce délai, ou une fois sortis de la salle de vente, ils ne seront repris pour aucune cause.

Les articles au-dessous de 12 fr. ne seront admis à rapport que dans le cas où ils seraient incomplets par enlèvement de feuillets ou fragmens de feuillets atteignant le texte; ils ne seront pas repris pour taches, mouillures, déchirures, piqures, ou autres défectuosités.

Nota. Le libraire chargé de la vente recevra les commissions des personnes qui ne pourraient y assister.

Il sera vendu au commencement de chaque vacation quelques lots de bons livres que le temps n'a pas permis d'insérer dans ce catalogue.

SOUS PRESSE :

Le catalogue de la riche bibliothèque orientale de feu M. le baron Silvestre de Sacy, membre de l'Académie, etc.

Le catalogue d'une collection elzevirienne,

Et celui de la bibliothèque de M. Ch. Millon, professeur de philosophie au collège Charlemagne, auteur de plusieurs ouvrages.

A. PIHAN DE LA FOREST,
IMPRIMEUR DE LA COUR DE CASSATION,
Rue des Noyers, n° 37.

www.ingramcontent.com/pod-product-compliance
Ingram Content Group UK Ltd.
Pitfield, Milton Keynes, MK11 3LW, UK
UKHW021825190726
13853UKWH00003B/1197